中华道德楷模丛书

《中华道德楷模丛书》编委会

主　任　郑　锐

副主任　徐则浩　陈德辉　柏龙驹　陆德生　李　奎

委　员　陈复东　马康盛　庞振月　翁　飞　周明洁　金汉杰　金　燕

主　编　陈德辉

副主编　张召奎　沈　葵　朱强娣

本册主编　邢　军　段金萍

处世翘楚

CHUSHI QIAOCHU

时代出版传媒股份有限公司
安徽教育出版社

图书在版编目（CIP）数据

处世翘楚 / 陈德辉主编. —合肥：安徽教育出版社，2012.7

（中华道德楷模丛书）

ISBN 978-7-5336-6824-2

Ⅰ.①处… Ⅱ.①陈… Ⅲ.①品德教育－中国 Ⅳ.①D648

中国版本图书馆 CIP 数据核字（2012）第 171469 号

书名：处世翘楚　　　　　　　　　　　　主编：陈德辉

出　版　人：朱智润　　策划编辑：杨多文　徐宝妹　　责任编辑：周　佳　杨多文
责任印制：王　琳　　　　　　　　装帧设计：袁　泉

出版发行：时代出版传媒股份有限公司　http://www.press-mart.com
　　　　　安徽教育出版社　　http://www.ahep.com.cn
　　　　　（合肥市繁华大道西路 398 号,邮编:230601）
　　　　　营销部电话:（0551）3683010,3683011,3683015

排　　版：安徽创艺彩色制版有限责任公司
印　　刷：合肥芳翔印刷有限责任公司　　电话：(0551)4656798
（如发现印装质量问题,影响阅读,请与印刷厂商联系调换）

开本:650×960　1/16　　印张:13　　字数:160 千字
版次:2012 年 8 月第 1 版　　2012 年 8 月第 1 次印刷

ISBN 978-7-5336-6824-2　　　　　　　　　　定价:22.50 元

版权所有,侵权必究

序

　　道德是人们共同生活及其行为的准则和规范。人们在长期道德实践中形成高尚的理想、信念、习惯、传统及其表现的嘉言懿行,能够净化人们的心灵,陶冶人们的情操,提高人们的思想境界;是净化社会的雨露甘霖,维护国家安宁的内在动力,建设和谐社会的精神支柱。

　　我国是一个历史悠久的文明古国,五千年文明史积淀了丰富而又自成体系的道德价值标准,涌现出灿若繁星的道德楷模。热爱祖国、自强不息、舍生取义、修身律己、诚实守信、仁爱好礼、勤劳节俭等传统美德的光芒照耀着中华民族发展的历程。尤其是近代以来,面对深重的民族灾难,无数仁人志士为了民族独立和人民解放,用鲜血和生命谱写了一曲曲爱国主义的动人乐章,铸就了一座座不朽的精神丰碑。

　　新中国成立以后,由于老一辈革命家率先垂范和大力倡导,广大人民积极推进社会主义道德建设,涌现出一大批感天动地的道德楷模。共产主义战士雷锋、县委书记的榜样焦裕禄、知识分子的典范钱学森、杂交水稻之父袁隆平、身残志坚的张海迪、人民的好村官沈浩等等,他们的优秀品质和高尚情操诠释了中华民族传统美德,体现了伟大的时代精神。在道德楷模的影响和带动下,越来越多的凡人善举感动着中国,他们或助人为乐,或见义勇为,或诚实守信,或敬业奉献,或孝老爱亲,道德之花在中华大地处处绽放。最近,"最美女教师"张丽莉舍身勇救学生、"最美司机"吴斌恪尽职守保障乘客生命安全,"最美警卫战士"高铁成勇闯火海排险救人,英雄的壮举感动了亿万群众。

　　与此同时,我们也要清醒认识到,在我国经济体制深刻变革、社会结构深刻变动、利益格局深刻调整、思想观念深刻变化的新形势下,加强和改进公民道德建设,是一项长期而紧迫的任务。中共十七届六中全会明确要求:"树立和践行社会主义荣辱观","弘扬传统美德,推进公民道德建设工程","在全社会形成知荣辱、讲正气、作奉献、促和谐的良好风尚。"

　　加强思想道德建设的一个重要途径,是引导人们学习和效法古今道德典范。为此,安徽教育出版社编纂出版了《中华道德楷模丛书》,分别为《爱国英杰》《律己典范》《待人楷模》《为政榜样》《处世翘楚》5卷。全书收录了近四百位古今道德楷模的先进事迹,他们当中有的是举世公认的道德楷模,有的是在某个方面闪耀着卓尔不群的道德光彩。相信这套丛书将会成为广大干部群众特别是青少年进行思想道德教育很好的辅导读物,大家可以从道德楷模的感人事迹和优秀品质中受到鼓舞、汲取力量,起到内化于心、外化于形的潜移默化的积极作用,使道德之花开得更加绚丽多彩。

2012年7月

敢于直言

003 /忠谏被害的关龙逄和比干
005 /眼悬国门的伍子胥
008 /一代谏臣魏征
010 /当面反驳武则天的徐有功
013 /极言直谏的寇准
015 /直言敢谏的余靖
017 /备棺上疏的海瑞
019 /遇事敢言屡犯"龙颜"的王茂荫
021 /翁同龢力纠杨乃武冤案
024 /力主变法的康有为
026 /陈宝琛诤言谏溥仪
028 /"为人民鼓咙胡"的彭德怀
031 /说真话的王稼祥
033 /为农民仗义执言的郭崇毅

刚直不阿

039 /量刑依法不依君的张释之
041 /教化治民的黄霸
043 /以百姓心为心的狄仁杰
046 /"要留清白在人间"的于谦
049 /不畏权贵的李卫
051 /毫无媚骨的鲁迅
054 /一身正气的何香凝

056 / 陈嘉庚毅然与蒋介石决裂
059 / 坚持真理的黄克诚
061 / 敢于面斥"女皇"的陶铸
064 / 身残志坚的罗瑞卿

嫉恶如仇

069 / 称不容口的赵广汉
071 / 屡批皇亲国戚的杨震
074 / 刚肠嫉恶的嵇康
076 / 为岳飞鸣冤的韩世忠
079 / 杨涟拼死弹劾魏忠贤
081 / 铁骨御史左光斗
083 / 王鼎怒斥穆彰阿
085 / 勉励林则徐禁烟的龚自珍
088 / "为四万万人争人格"的蔡锷
090 / 柏文蔚三拒袁世凯
093 / 邹韬奋怒揭王伯群
094 / 马寅初怒斥孔祥熙
097 / 爱憎分明的于右任
099 / 冯玉祥嫉恶如仇
102 / 大智大勇的叶剑英

威武不屈

107 / 苏武牧羊
109 / 颜真卿忠贞为国
112 / 文天祥和他的《正气歌》
115 / 宁灭九族亦不屈服的方孝孺

117 /"身处艰难气若虹"的陈独秀
120 /为共产主义而献身的李大钊
123 /"国之瑰宝"宋庆龄
126 /从容就义瞿秋白
128 /夏明翰热血谱战歌
130 /二七英烈林祥谦和施洋
132 /无愧骄阳杨开慧
135 /龙华塔下双烈士
138 /为革命死亦何妨的王步文
140 /豪情楚囚恽代英
142 /正气浩然方志敏
144 /叶挺大义凛然书"囚歌"
147 /陈毅预立遗诗《梅岭三章》
149 /视死如归刘胡兰
150 /傲雪红梅江竹筠
152 /为民主献身的李公朴
154 /为正义死而无憾的王孝和
157 /张志新坚持真理宁死不屈

除暴安良

163 /勤政爱民的黄霸
165 /李膺怒斩"活阎王"
167 /清官良吏陈希亮
170 /况钟为民除害
172 /惩恶恤民的于成龙
174 /"天下第一清官"施世纶
177 /人民的好警察任长霞

179 /忠诚的人民卫士刘金国

见义勇为

184 /英雄少年赖宁
186 /护民英雄徐洪刚
188 /英雄民警赛尔江
190 /见义勇为英雄白雪洁
192 /勇夺砍向孩子利斧的李强
194 /小脚老太王贵连勇救幼女
195 /洪水中托起生命的王树先
198 /大爱至善的唐山十三位农民兄弟

敢于直言

敢于直言，是一种崇高的境界。温家宝总理曾经说过，一个国家、一个民族，总要有一批心忧天下、勇于担当的人，总要有一批从容淡定、冷静思考的人，总要有一批刚直不阿、敢于直言的人。

本节所介绍的14位敢于直言的人物，就是这方面的楷模。屡谏吴王夫差警醒防越而被赐死的伍子胥，临死前对门客说："请将我的眼睛挖出置于东门之上，我要看着吴国灭亡。"一代谏臣魏征死后，唐太宗李世民说，一个人用铜作镜子，可以照见衣帽是否穿戴得端正；用历史作镜子，可以看到国家兴亡的原因；用人作镜子，可以发现自己做得对不对。魏征一死，我就少了一面好镜子啊！商纣王淫乱，商纣的叔父比干说："做大臣的，如果不能冒死劝谏国君，那还算什么忠臣！"比干怒斥纣王宠妃妲己祸乱天下，劝谏商纣，商纣王大怒说："你这样做是想当圣人吧？我听说圣人的心脏有七个孔穴，我看看你有没有。"说罢下令剖开比干的胸膛，取出他的心脏来观看。在武则天统治时期，为了压制反抗势力，她大肆任用酷吏诛杀异己，大臣人人自危，可是徐有功却毫不畏惧，面对武则天的厉声斥责，他镇静自若，对答如流，维护法律的公正。在"大跃进"调查中，彭德怀面对红军老战士递给他的一张写着"谷撒地，薯叶枯，青壮炼铁去，收禾童与姑。来年日子怎么过？请为人民鼓咙胡"的纸条，马上给中共中央写信，建议减轻老百姓负担，把当年的征购粮从1200亿斤降到900

亿斤,并在庐山上"万言书",再次为人民鼓咙胡,虽因此屡遭迫害而至死无悔。谈起安徽农村改革,就不能不想起农村改革的代言人郭崇毅,他不顾个人安危,凭着敏锐的政治洞察力和大量调研得来的第一手材料,冒着巨大的政治风险,连续三次上书中共中央,直言进谏,仗义执言。敢言直谏的寇准,勇于说出真知灼见的余靖,备官上疏的海瑞,直言劝谏的王茂荫,力纠杨乃武冤案的翁同龢,力主变法的康有为,诤言谏溥仪不能当汉奸的陈宝琛,说真话的王稼祥等。他们是民族不屈的脊梁,他们为民族社稷不惜头颅甘洒热血的直言勇谏事迹,将永载史册,光芒四射。

忠谏被害的关龙逄和比干

关龙逄是夏桀的大臣,比干是商纣的叔伯父,二人所处时代不同,但都身逢乱世,遭遇暴君,因犯颜直谏而被处死,给后世留下了深深的遗恨。

夏桀是中国历史上第一个朝代夏朝的最后一个君王。在他当政时,国力凋敝,民不聊生,与周边部落矛盾日益恶化,诸侯大多背叛,其统治已是岌岌可危。但夏桀却无视这一严

关龙逄

峻局面,依旧修宫殿、建瑶台,纵欲声色,残虐无道。百姓不堪其残暴统治,都表示为推翻夏桀荒淫暴虐的统治,宁愿与他同归于尽。面对危如累卵的国势,大夫关龙逄忧心忡忡,决心直言面谏,以唤醒夏桀。一次上早朝时,他从班列中站出,对夏桀说:"大王啊,我看你头上戴的不是王冠,是危石;我看你脚上穿的不是鞋子,是薄冰。没有头戴危石的感觉,不会感到压抑;没有脚踏薄冰的感觉,就没有落入冰水的危机感。大王啊,你醒醒呀!"可悲的是,这振聋发聩的话,对夏桀来说犹如耳边风,他愚蠢地认为他的统治能与日月共存亡,说什么"天之有日,犹吾之有民,日有亡哉,日亡吾亦亡矣"。因此,他更加胡作非为,穷奢极欲,暴虐不堪。

关龙逄目睹此状,痛心疾首,决心置自己的生死于度外,来匡正君主的过失,来挽救将倾的夏王朝。于是,在上朝时,他疾步趋前,一针见血地对夏桀指出:"用财惟恐不尽,用民力只恐百姓不死。大王啊!你赶快改弦更张吧,否则,天将降下大祸,你也要被诛灭!"以此要求夏桀节约用财,爱护百姓,以固统治。见夏桀仍无

动于衷,关龙逄遂挺立王座之旁,三日不去,不断地对夏桀喊:"君王啊!你赶快改弦更张吧!"夏桀对关龙逄的屡次极谏本已十分不满,这次又"立而不去朝",让他颜面尽失,不由恼羞成怒,下令将关龙逄"囚而杀之"。

夏桀的荒淫暴虐,已是人心不附,这次又"囚杀"忠谏的关龙逄,更使群臣思叛,纷纷投奔东邻的商汤。公元前16世纪,商汤起兵伐夏,夏桀在被放逐途中死去,受到了应得的惩罚。

纣是商朝末年的国君,他在位期间,对外穷兵黩武,对内"嬖于妇人",将"冤暴施于百姓,惨毒加以大臣",弄得国家摇摇欲坠。

商纣的暴虐行径,让比干、微子、箕子、西伯姬昌、鄂侯、九侯等王公大臣既痛恨,又焦虑。经磋商,他们决定将九侯的女儿献给纣王,希望她的美丽贤淑能让纣王的暴行有所收敛,逐步改邪归正。但没几天,噩耗传来,九侯的女儿因劝阻纣的荒淫无道,被纣王杀了。纣王余怒未息,又下令将九侯处以醢刑,剁成肉酱。诸臣闻之,无不变色。鄂侯对此悲愤不已,与纣王争辩,结果被处脯刑,尸体被制成肉干。西伯姬昌未敢公开顶撞,只是私下叹息,就这样亦被人告发,遭囚禁。

比干

纣王的哥哥微子数谏无效,"度纣终不可谏",带着遗恨离朝而去;叔父箕子屡谏不听,不忍离去,乃装病以避祸。纣王的叔父、官任少师的比干目睹王朝日渐衰微,心如刀绞,叹息道:"主过不谏,非忠也;畏死不言,非勇也。过则谏,不用则死,忠之至也。"遂决心以死进谏。上朝时,他挺身而出,疾言厉色地历数纣王暴政,陈述治国恤民之道,要求纣王改过,以挽救国家危亡。纣王对比干的多次进谏早已恨之入骨,今天又被他当着众臣的面数落,顿生杀机,问比干屡次直言极谏"何以自

持?"比干答:"修善行仁,以义自持。"纣王厉声道:"吾闻圣人之心有七窍,信有诸乎?"令人当场杀了比干,"刳视其心"是否有七窍。

不久,周武王起兵灭商,纣王自焚而死,留下千古骂名。

关龙逄、比干死于忠谏,虽已年代久远,但他们的凛然正气,却激励着一代代华夏儿女直言匡过,舒张正气。

(陈劲松)

眼悬国门的伍子胥

伍子胥是春秋末期吴国大夫、军事家、谋略家。他本为楚国人,性格刚强,青少年时,即好文习武,勇而多谋。伍子胥的父亲叫伍奢,哥哥叫伍尚。他的祖父伍举因为侍奉楚庄王时刚直谏诤而显贵,所以他的后代子孙在楚国很有名气。周景王二十三年(公元前522年),因楚平王怀疑太子"外交诸侯,将入为乱",于是迁怒于太子太傅伍奢,将他和他的长子伍尚骗到郢都杀害,伍子胥只身逃往吴国。

入吴后,伍子胥知公子光有大志,乃帮助他策划,派专诸刺杀吴王僚,夺取了王位,因而得以参与国政。他辅佐吴王阖闾(即公子光)修法制以任贤能,奖农商以实仓廪,治城郭以设守备,使国力有了很大加强。公元前506年,伍子胥与孙武等辅佐阖闾统领大军沿淮水西进,由楚防备薄弱的东北部实施大纵深战略突袭,直捣楚腹地,一举攻入楚都郢(今湖北荆州城北30公里处)。

公元前496年，吴王阖闾因为攻楚时相邻的越国常来袭击骚扰，心中恼怒，便下令伐越。结果越王勾践大破吴军，阖闾受伤退师，不久死去。他的儿子夫差继立为王。夫差为报父仇，大力整饬军旅，积极备战，孙武和伍子胥全力辅佐。

勾践见夫差励精图治，积极练兵备战以复仇，非常焦急，想先发制人，遂于公元前494年春天调集军队从水上向吴国发起进攻。吴王夫差见时机成熟，率10万精兵，以伍子胥为大将，伯嚭为副将，迎击越军，双方激战于夫椒，结果越兵大败。越王勾践仅以5000甲兵固守会稽山（今浙江绍兴）。越之危亡已系于一发。

由于吴军团团包围，勾践只得向吴求和，伍子胥坚决反对，谈判陷入僵局。越王勾践得知求和不成，当即明告臣下，先杀自己妻、子，再烧毁王宫宝器，然后与吴师拼命。在这紧急关头，大夫文种向勾践献策：吴国太宰伯嚭，贪财好色，忌功嫉能，若能私下以财色结其欢心，使其言于吴王，则和议事成。勾践同意。当夜文种即进献伯嚭一批宝器和八位美女，其中就有历史上著名的四大美女之一西施。

第二天一早文种再次拜见吴王夫差，表达勾践求和的心意，态度非常诚恳。伍子胥当即出谏："吴之于越，世仇敌国。有吴则无越，有越则无吴。今倘让其求和而返回，后患无穷。今不灭越，悔将无及！"

太宰伯嚭因接受了越的贿赂，就出来帮文种说话。夫差在事前已被伯嚭带着看了貌美如花的西施，遂放过了本可轻易消灭的可怕敌人，下令撤退围困会稽的大军。

吴国撤兵后，勾践带着妻子和大夫范蠡到吴国伺候吴王，他们夫妻俩住在夫差父亲墓旁的石屋里，做看守坟墓和养马的差事。夫差每次出游，勾践总是拿着马鞭，恭恭敬敬地跟在后面。最后终于赢得了吴王的欢心和信任。三年后，他们被释放回国了。

勾践回国后,立志发愤图强,矢志复仇。他晚上就枕着兵器,睡在稻草堆上,并在房子里挂上一只苦胆,每天早上起来后就尝尝苦胆,以不忘会稽之耻。这就是成语"卧薪尝胆"的由来。他亲自到田里与农夫一起干活,妻子也纺线织布。勾践的这些举动感动了越国上下官民,经过十年的艰苦奋斗,越国终于兵精粮足,转弱为强。

再说吴王夫差自从战胜越国后,以为没有了后顾之忧,从此沉迷于西施的美色,过着骄奢淫逸的生活。他又狂妄自大,不顾人民的困苦,经常出兵与其他国家争霸。伍子胥屡次进谏均遭夫差拒绝,他预感吴国必为越国所灭,为避祸而把儿子托付于齐国鲍氏。太宰伯嚭则借机向夫差进谗:说伍子胥对越国的怨恨恐怕要酿成深重灾难;他反对大王攻打齐国,败坏大王霸业;他早已把儿子托付给齐国的鲍氏;他自认是先王功臣,不被信用而心生怨恨,希望大王早做戒备。吴王夫差听信了伯嚭的谗言,就派人把金属镂成的宝剑赐给伍子胥说:"你用这把宝剑去地下见先王吧!"伍子胥仰望天空叹息说:"唉!小人伯嚭要残害忠良,灭掉吴国,大王竟听信小人的谗言来杀害长辈功臣!"他告诉亲近门客:"我死后你们一定要挖出我的眼珠悬挂在吴国都城的东门楼上,我要看越国军队怎样杀入姑苏,灭掉吴国!"说完,伍子胥自刎而死。

公元前473年,勾践亲自带兵攻打吴国。这时的吴国已经是强弩之末,根本抵挡不住越国军队的进攻。夫差派人向勾践求和,勾践不准。夫差这时才后悔没有听伍子胥的忠告,非常羞愧,就拔剑自杀了。夫差不纳忠言,导致国破身亡的历史教训,将永远成为后人的有益镜鉴。

(陈劲松)

一代谏臣魏征

魏征是唐初卓越的政治家,以耿直不阿、犯颜直谏而著称于世。他以经国治世之才和敢于坦诚直言的至诚,纠正了朝廷许多决策失误,辅佐唐太宗成就了青史留名的"贞观之治"。

唐贞观二年(公元628年),太宗向魏征说:"何谓为明君暗君?"魏征很坦率地说:"君之所以明者,兼听也;其所以暗者,偏信也。"他主张君主兼听纳下,有利于君主听取臣下的正确意见,以克服君主的主观片面性。他列举了历史上尧、舜之所以明,在于通达下情;秦二世、隋炀帝之所以暗,在于偏信谗佞。唐太宗很赞成这个见解,在实践中推行了兼听纳下的思想,从而开创了贞观年间谏诤成风的开明政治。

魏征首开直言进谏之风,他诤谏次数之多,言辞之激切,态度之坚定,都是当时其他大臣难以伦比的。据《贞观政要》记载统计,魏征向太宗面陈谏议有五十次,呈送奏疏十一件,一生谏诤多达"数十余万言"。他谏诤的内容很广,侧重于纠正军国大事的失误。例如:为了医治隋末战乱的创伤,屡次规劝太宗要予民休养生息,反对营造宫室台榭和对外穷兵黩武;为了政治清明,他规劝太宗用人要"才行俱兼",严惩官吏中的贪赃枉法之徒;他还规谏太宗要以"亡隋为鉴",居安思危,力戒骄奢淫逸。他进谏的这些内容都切中时弊,关系国家兴亡,而且有根有据,词恳意切。唐太宗曾褒奖他说:"卿所陈谏,前后二百余事,非卿至诚奉国,何能若是?"

就是唐太宗这样一位能够听取不同意见的开明皇帝也往往在朝廷上被魏征的激切谏诤弄得面红耳赤,甚至下不了台。一次唐太宗退朝回到宫中,发怒道:"总有一天要杀了这个乡下佬。"长孙皇后问杀谁,他说:"魏征常常当众侮辱我。"长孙皇后道贺说:"魏征忠直,正因为陛下是明主。"他听了怒气才平下去。尽管太宗对魏征的尖锐批评一时难以接受,但他毕竟能够理解魏征是忠心奉国,对他的犯颜直谏曾感叹说:"人家都说魏征态度粗暴,我看起来却觉得更加柔媚。"

魏征主张在执法时要赏罚分明,不徇私情,才能维护法律的尊严。他在给太宗的奏疏中说:"奖赏的时候,不要忘了疏远的人;处罚的时候,要不怕亲贵。要以公平为规矩,仁义为准绳,才能让人心服。"贞观三年(公元629年),濮州刺史庞相寿因贪赃罪被罢免官职。庞相寿曾是唐太宗为秦王时的幕僚,凭借这一关系,他请求太宗宥免。太宗赠绢100匹,还命他仍任旧职。魏征知道后立即进谏说:"因为庞相寿是你的老部下,就不追究他的贪赃枉法,而且还加以厚赏,留任原职。你过去的部下很多,如果他们都以此来贪赃枉法,如何了得?"唐太宗不得不改变了原来的做法。

魏征还经常劝谏太宗要保持即位之初孜孜求治的思想作风。贞观十三年(公元639年),魏征全面系统地总结了政事不如贞观之初的事实,上奏太宗,这就是著名的《十渐不克终疏》。疏中从十个方面指出太宗近年所为与初期不同,如始则体恤人民,近则轻用民力;始则亲君子疏小人,近则昵小人而疏君子;始则不事畋游,近则畋游无度;始则谦虚若不足,近则恃功骄矜;始则虽遇灾荒而民不逃怨,近则百姓疲于徭役而生怨心等,批评了太宗的骄满情绪,提醒他要慎终如始。太宗看完奏疏后欣然接纳,并对他说:"朕今闻过矣,愿改之,以终善道。"并命人将此疏写在宫廷屏障上,以便自己早晚都能看到。

贞观十六年（公元642年），魏征染病，卧床不起，仍然上书言事，对太宗一些言行不一的做法提出批评。魏征为官清正，生活简朴，以致家无正堂。太宗下令停止营造小殿，用其木材为魏征建造正堂。贞观十七年（公元643年）魏征病逝，太宗痛哭不已，诏令百官送丧至郊外，并亲自撰写碑文，亲笔书写。他对侍臣说："人以铜为镜，可以正衣冠；以史为镜，可以知兴替；以人为镜，可以明得失。魏征死去，我丧失一面镜子了。"

魏征不计个人安危，犯颜直谏，不仅在"贞观之治"中起了重要作用，而且为后人树立了坚持真理、敢于直言的榜样。

（周明洁）

当面反驳武则天的徐有功

历史上唯一的女皇帝武则天统治时期，为了压制反抗势力，大肆任用酷吏诛杀异己，大臣人人自危。可是却有一个敢于当面反驳她，维护良善的著名法官，他就是徐有功。

徐有功出身于书香门第，年轻时以"明经科"出仕。先是担任蒲州司法参军（主管司法审判辅助官员），任内以爱民著称，不曾判过一个死刑。当地百姓和官吏都称他"徐无杖"，什么意思呢？原来徐有功审判一切案犯时，都"力求宽仁，从不轻易动用刑讯，也不轻易判人笞杖刑"，而是教育启迪案犯悔过自新。在他的感化下，蒲州民风大改。徐有功3年任满，竟没有一次在审判案

犯时用杖罚。因而"徐无杖"之名也就越传越响,传到了京城长安,徐有功就被宣诏进京,担任司刑寺丞的重要职务。

徐有功刚任司刑寺丞,就发生颜余庆案件。原来武则天要称帝,夺取唐朝李家的天下,李姓宗室好几个王子起兵反对。武则天把他们一个个都镇压下去了,其中有一位是琅琊王李冲。武则天杀了李冲,但为了安定人心,下诏宣布:只办首恶,支党免罪。这年有个叫冯敬同的人,投状密告魏州贵乡县县尉颜余庆曾与去年起兵被杀的李冲私通谋反。武则天马上叫酷吏来俊臣审理此案,颜余庆被逮至长安后,经不起皮肉之苦,只得承认"与李冲通同谋反"。武则天批准对颜余庆处以死刑。可是徐有功却在复核这个案件时认为颜余庆是个"支党",最多只是流放。上朝时他向武则天当面提出改判建议,武则天见是身穿从六品朝服的小官"徐无杖"反驳她,而且还当着文武百官的面暗喻她出尔反尔,便一脸怒气地问:"照你说,那什么叫魁首?"徐有功沉着地答:"魁是大帅,首是原谋。"武则天又怒问:"颜余庆难道不是魁首?"徐有功又答:"若是魁首,他早应在李冲被杀时就该伏法了,赦后才发觉,可见只是个支党。"武则天喝道:"那他不是和李冲有信笺往来吗?"徐有功解释说:"那些信笺只是些问候话语,并无同谋字句。"武则天一拍桌子:"他为什么购买兵器?难道不是想造反吗?"徐有功回答:"那些兵器是他的奴仆买的,本人并不知情。"在武则天厉声斥责下,满朝文武吓得战战兢兢,可徐有功镇静自若,对答如流,没有一点胆怯和惧怕。而武则天从开始时的怒不可遏,到后来渐渐觉得这位人称"徐无杖"的司刑寺丞倒有一般官员所没有的勇气和见识。从她执政以来,还是第一次见到敢于与她争辩论理的官员,特别是谋反案件,她批准杀就杀,从无有人敢与她争辩。其实武则天是个杰出的政治家,也很爱惜人才,其怒气也慢慢地平息了下来,最后接受了徐有功的意见。

徐有功处理了很多类似的案件,引起酷吏的仇恨。在他任刑部侍郎时,酷吏周兴指控他"故出反囚",应判死刑。武则天却只是把他免职,不久又任命他为侍御史。徐有功任侍御史后,在润州发生了一起庞氏案。庞氏原是唐睿宗李旦的岳母——德妃娘娘的母亲,润州刺史窦孝谌的妻子。她从女儿德妃被武则天杀死后,一直心神不定,抑郁成疾,自以为被鬼怪缠身。她听从一位奴仆的话,在夜间焚香祈祷驱鬼。然而这一焚香驱鬼的事却被人告发,说她在每夜焚香诅咒武则天早死。武则天正愁找不到德妃亲人的"谋反"把柄和不轨行为,便立即将庞氏判为死刑。

案子转到京城后,几个部门的官员都认为庞氏有罪,只有徐有功力主无罪。于是其他官员告发徐有功,说他徇私枉法。武则天下令法司,议徐有功的罪行,法司议定徐有功应判绞刑。徐有功手下的人哭着把这一消息告诉徐有功,徐有功平静地说:"难道只有我死,他们就不死了吗?"从容回到家里,吃过饭,脱衣服睡觉了。其实,武则天派人在悄悄盯梢徐有功,看他这个样子究竟是不是装出来的,是不是表面上平静无事,内心里实际怕得很。结果盯梢人到窗户下面偷听,只听得徐有功打着呼噜沉沉睡觉。武则天得到报告后,就把徐有功召去,问他:"近来你总是犯'失出'罪,为什么?"(审案官员把该定罪的犯人定为无罪叫"失出",反之,把无罪的人定为有罪叫"失入"。)徐有功说:"失出,是我做臣子的小过;好生,是陛下您的大德。望陛下弘扬大德,爱惜天下百姓的生命。"武则天听了,沉吟半响,最后说:"好吧,就依你,免庞氏一死。不过,对你我要进行处分:撤职为民!"徐有功回家当了几天百姓,便又被武则天召了回去,还继续做法官。

徐有功在司法任上15年,3次被控告死罪3次被赦,2次被罢官2次复出,仍又一心执法守法,连武则天也被他的忠贞和勇气所折服。他任法官前后纠正大案六七百件,救人数以万计,其敢于直言的精神广为人民传颂。

(陈劲松)

极言直谏的寇准

寇准,这位北宋年间的名相,在一些民间流传的小说中留下了许多传奇故事。其实,在史册上留下浓浓一笔的,却是他的直言极谏。宋太宗曾说:"朕得寇准,犹如唐太宗得魏征也。"

寇准生于名门世家,19岁中进士,入仕后因政绩卓著,不几年,便提升为枢密院直学士。宋太宗在处理政事时,常召寇准征询意见,对他很是器重。一次,在朝堂上,寇准奏事,因言语尖锐,惹恼了宋太宗,太宗起身就要退朝,寇准急了,上前一把拉住太宗衣角,请他坐下,继续进谏,直至问题圆满解决。退朝后,太宗起初有点恼怒,但静下心来细想,反觉得寇准言行忠正,胸中无私,是一个可以委以重任的人。于是,先后升任寇准为左谏议大夫、枢密副使等要职。

寇准为相,用人不拘一格,所举荐者大多是贤才,也有少数庸才。至道二年(公元996年),朝臣冯拯因一己之私,在朝廷攻击寇准为官不公、结党营私、"变乱经制"。及至寇准上朝,太宗问及冯拯所举之事。寇准竟毫不相让,奋力自辩,谓为国为民举官,只重德才,而无私谊。争辩时有些失态,全然不顾君臣之礼,太宗很不高兴。寇准又叫人搬来中书省授官的档案,一定要与太宗辩明是非曲直。太宗摇头叹息道:"鼠雀尚知人主之意,何况人臣乎?"于是寇准被贬到邓州为知州。

次年,太宗驾崩,太子赵恒继位,是为宋真宗。真宗惜寇准之才,欲拜为相,又恐其禀性刚直,难独力担此重任,乃以寇准与毕士安同居相位,共辅朝政。景德元年(公元1004年)冬,辽军南侵至黄河北岸,朝野震动。寇准力主派兵抗辽,并主张真宗亲征。朝中大臣王钦若、陈尧叟等畏惧辽军强大,极力怂恿真宗迁都南京或四川。本来就无心抗辽的真宗遂急召诸臣商议迁都一事。寇准听真宗有迁都之意,十分震惊,从班列中挺身而出,厉声喝道:"谁给陛下出此下策?这样的人该杀!现在虽说辽军压境,可我大宋百万将士正在前方浴血奋战,并屡挫辽军锋锐,这说明辽军是可以战胜的。且辽军远来,必不能持久。可有人竟在这样的关键时刻鼓动陛下迁都、退却,如果这样,则人心涣散,辽军乘虚而入,大宋江山还能保得住吗?"在寇准义正辞严的批驳下,投降派不敢吭声。宋真宗见寇准分析得深刻、有理,亦只好同意他的意见。在寇准的直言极谏和陪同下,真宗最终亲征,驾抵澶州北城,击退辽军,签订了"澶渊之盟"。而寇准却因此招致投降派的嫉恨,他们在真宗面前诬陷寇准,于是寇准再次遭贬,任陕州知州。

天禧元年(公元1017年),宰相王旦病故,寇准再次拜相。天禧四年,真宗得了风瘫,政事多由刘皇后在后宫操纵。寇准深以为忧,进谏真宗以江山社稷为重,建议任命杨亿辅佐太子监国。消息泄露,寇准被罢为太子太傅,封莱国公。后又被贬至远离中原的雷州,任司户参军。这些均瞒着真宗进行。宋真宗有很长时间没有见到寇准,曾经询问过,并说只有寇准与李迪才是可以托付国家大事的。

宋仁宗天圣元年(公元1023年)九月,寇准在雷州与世长辞,时年63岁。其灵柩北归时,沿途民众设祭哭拜,争相修祠立庙,以纪念这位不畏权贵、勇于直言极谏而三罢相位的好宰相。

(陈劲松)

直言敢谏的余靖

北宋名臣余靖自幼勤奋好学,博览群书,以文才名闻乡里。宋仁宗天圣二年(公元1024年),余靖参加了科举考试,一举高中进士,从此开始了他40年的仕途生涯。

余靖信仰儒学,有为国为民立德、立功、立言的执着追求,深知"水可载舟,亦能覆舟"的道理,为官兢兢业业,以刚正不阿著称。他对历史名人蔺相如、魏征,以及本朝贤相寇准等十分钦佩,引为榜样。

宋景佑三年(公元1036年),大臣范仲淹上《百官图》给宋仁宗,抨击宰相吕夷简任人唯亲,招致吕夷简的忌恨,反诬范仲淹离间君臣,引用朋党。宋仁宗听信谗言,将范仲淹贬为饶州知州。此时,满朝文武官员都生怕连累获罪而不敢谏劝,仅任集贤院校理的余靖却不顾官微职小,与欧阳修、尹洙一起挺身而出,越级上书,为范仲淹鸣不平,遂被贬出京城。但是,他们直言敢谏的行为赢得了朝廷上下的同情和尊敬,余靖与范仲淹、欧阳修、尹洙四人被尊称为"四贤"而名扬天下。

北宋庆历年间,由于危机的加深,宋仁宗重用范仲淹进行改革,历史上称为"庆历新政"。此前迫于舆论压力,已被任命为谏官的余靖、欧阳修、王素、蔡襄四谏官主张要变更尽依"祖宗故事"的旧法,积极提出各种谏议,例如举人才、去冗兵冗官、宽赋税、厚农桑、省佛事、节国用等，涉及人事、治民、边政、刑法、赋税等多方面。这些都为范仲淹、富弼等人后来推行"庆历新政"提供了先行的理论基础和舆论准备。余靖等四谏官，以上至宰相大臣，下至各部百官均可参劾的特殊地位，大刀阔斧，把矛头直指那些昏庸无能、营私舞弊的官员，即使涉及皇亲国戚也不例外。宋仁宗因爱屋及乌，要重用宠妃的伯父张尧佐，余靖认为不妥，上表极力反对，在蔡襄、包拯等协力阻拦下，仁宗只好作罢。

狄青是行伍出身的大将，战功赫赫，皇帝准备委任他为独当一面的泾原帅，兼知渭州。余靖连续写了四个《论狄青不可独当一路》的奏本，认为他虽是"刚悍之夫"，但性品粗暴，临事不主精详，如专统一路兵马，未能服众。应当选派才望素著者和狄青分工合作，各司其事。甚至不惜舍官以谏，朝廷遂罢此议。后来狄青有感，折节读书，熟读历代兵法。当广西侬智高起事反宋时，余靖受命经制广南西路经略安抚使、知桂州，狄在余靖统属之下，节制岭南各路军马，在昆仑关外大破侬智高。侬智高的母、子、弟均为余靖遣人擒获，可见余的知人善任。通过广南平乱，共理军机，狄青十分敬佩余靖的学识文采，二人成了知交。狄青在病危时，特别叮嘱后人，在他身后一定要请余靖为他撰写墓志铭。

北宋最大的外患，是来自契丹、西夏的威胁。余靖任京官后，就密切关注辽、夏动向，多次上表宋仁宗，认为要防范辽、夏，除了要有强大的军事力量作后盾以外，还要有坚定灵活的政治外交相配合，要利用他们之间的矛盾，使之互相牵制。余靖的精辟见解使宋仁宗耳目一新，得到赞赏采纳，并临危受命于宋庆历三年（公元1043年）出使辽国，以修边好。次年，辽出兵西夏，并胁迫宋与西夏绝交。为解决这一外交难题，余靖请求再次出使辽国，摸清对方的意图。回国后，他详细分析了出使获得的情况，建议朝廷利用辽与西夏的矛盾，册封了西夏王，使西夏解除了对宋的后顾之忧，倾力

与辽血战。余靖运用高明的外交策略,促成了宋、辽、西夏三国鼎立的均衡局面,确保了北宋的稳定。

宋仁宗嘉祐六年(公元1061年),余靖被授为尚书左丞,知广州。三年后,余靖晋升为工部尚书,在离任时"不载南海一物",可见余靖为官之清廉。在赴京途中,余靖不幸病逝于江宁(今南京),享年65岁。后人在广州建有"八贤堂",余靖是八贤之一。

(陈劲松)

备棺上疏的海瑞

海瑞是中国历史上著名的"清官",他为官清廉,刚直不阿,敢于为民请命。"海瑞骂皇帝"的故事一直流传至今。

明代嘉靖皇帝自中年以后,崇信道教,一意修仙,大兴土木,劳民伤财;刚愎自用,喜欢阿谀逢迎,拒绝廷臣劝谏,以致国事日非,民不聊生,怨声载道。嘉靖四十四年(公元1565年)十月,时任户部主事的海瑞为维护明王朝的长治久安,犯颜直谏,上疏严厉抨击嘉靖皇帝,名曰《治安疏》,因该疏主旨为"直言天下第一事,以正君道,明臣职,求万世治安",故又称为《直言天下第一疏》。这就是当时震惊朝野,后人所说的"海瑞骂皇帝"。

海瑞将嘉靖皇帝与历代贤君一一作了对比,然后尖锐地指出,由于皇帝不理国政,贤愚不分,奖罚不明,造成"天下吏贪将弱,民不聊生"的严重局面。海瑞说:"现在赋役比平时增加很多,加上皇帝信道，到处营造宫殿，百姓被弄得十分贫困。全国百姓都在骂皇帝，说'嘉靖者，言家家皆净而无财用也'"。

海瑞在疏中痛心地说："现今朝廷官员，以皇上求得天桃天药，相率进香，相率表贺，并在全国大兴土木，营造宫殿，许多大臣阿谀奉承，昧着良心来讨好陛下，几乎没有一人敢说真话的，这样下去还了得啊！"对于皇帝求长生不老，海瑞指出："陛下的错误太多了，但最大的错误是在于修仙，求长生不老。你想想，尧、舜、禹、汤、文、武都是古代圣贤，也未能久世不终。自汉、唐以来也没有见到一个方士能活到现在，陛下到哪里去求长生不老呢？"海瑞在严厉批评皇帝之后，希望皇帝能潜心管理朝政，提出了不少重要的建议。

此疏一出，海瑞"直声震天下。上自九天，下及薄海内外，无不知有海主事也"。海瑞知道此疏呈上，必触怒皇帝，获罪而死，因此买好棺材，告别妻子，遣散僮仆，托人料理后事，毫无惧色，从容赴朝，"真是铮铮一汉子"。

果然，皇帝看了这个疏文之后，大为震怒，把疏文丢在地上，命令左右："赶快把海瑞抓起来，不要让他逃跑了。"旁边的宦官说："海瑞自知必死，已安排好后事，在朝听候处置。"皇帝沉默了一会，又把疏文捡起来，觉得海瑞言辞确实击中自己的要害，便叹口气说："此人倒比得上比干，只是我并不是纣王啊！"但皇帝还是不能原谅他，不久以"骂主毁君，悖道不臣"之罪，下旨逮捕了海瑞。

嘉靖四十五年（公元 1566 年）冬天，嘉靖皇帝病死，新皇帝上任后不久，为了取信于天下，下令释放海瑞，并官复原职，后又调任大理寺寺丞，专管平反冤狱。不久又调任南京右通政、右金都御史、巡抚应天府。他在任期间，曾逼权臣徐阶退田，治理吴淞江、白茆河，取得了显著的政绩。后来因得罪权贵被罢官，解职回乡。海瑞 72 岁时又重新被任命为右金都御史。

公元 1587 年 11 月,海瑞病逝于南京,死后清理他的全部家财,只余银十余两。百姓听说海瑞病逝消息后,奔走相告,扶服悲号,罢市数日,哭声震天动地。海瑞敢于直言的勇敢精神,被历代称颂。

(周明洁)

遇事敢言屡犯"龙颜"的王茂荫

王茂荫(公元 1798~1865 年),字椿年,安徽歙县人,清道光进士,历任户部主事、监察御史、户部右侍郎、兵部侍郎等职。他在咸丰年间因反对铸大钱而受到"严行申饬"。马克思在《资本论》中称赞了他的货币观点,因而成为马克思在该书中唯一述及的中国人。

王茂荫的品格高尚,主要表现为官清廉和敢于直谏。他长年在朝廷任职,主管全国财政,但能丝毫不染,终身保持清廉。不仅如此,他还经常力持公论,指摘时弊,斥劾奸佞,"言人之所不敢言",连同治皇帝也赞扬他"志虑忠纯,直言敢谏"。

鸦片战争后,大清王朝日趋衰落,在王茂荫看来,要挽回这种颓势,朝廷必须重视人才,发现人才,以改变内忧外患的局面。而要真正网罗人才,就必须对现行科举内容进行改革。咸丰元年(公元 1851 年),王茂荫给朝廷呈上《振兴人才以济实用折》,建议改革考试内容,策问只考历史、军事、科学、天文、地理五门,评卷应重文义,不偏书法,并同时广行保举制度,以求真才。他这种选拔人才

实用的主张,有悖于封建统治者以培养奴才为宗旨的科举制度,并且与偏重书法的道光皇帝留下的传统相对抗。咸丰皇帝对王茂荫的奏折批示礼部议处,最后不了了之,束之高阁,让踌躇满志的王茂荫碰了一个软钉子。

不久,王茂荫又给咸丰皇帝呈送了《条议钞法折》,要求改革币制,开出了他解决当时财政困难的药方。他针对当时有人提出开捐例和铸造大钱来解决财政困难的主张,认为这样做只能导致通货膨胀加剧,百姓破产,还是实行钞法比较有利。他建议以银两为计算单位发行钞币(即纸币),坚持严格限制纸币发行的数量,发钞总数不超过一年财政收支的四分之一,并让银和钞同时流通。然而,王茂荫这一利国利民的主张因不能满足统治者的需要而未被采纳。不久,为了应付财政急需,清王朝发行了"银钞"("官票")和"钱钞"("宝钞"),并开始铸造"当十"、"当五十"、"当百"乃至"当五百"、"当千"的大钱。同时提升王茂荫为户部侍郎兼钱法堂事,企图让他来推行通货膨胀政策。但是,王茂荫却上书《论行大钱折》阐明自己观点:"官能定钱之值,而不能限物之价。钱当千,民不敢以为百;物值百,民不难以为千。"就是说国家政权力量能够规定的只是铸币的表面价值,但不能决定它的实际价值,不能任意提高它的购买力。他还附奏了一份历代大钱兴废的材料,结果并未得到重视。此时市场上通货膨胀加剧,京城商铺纷纷倒闭,街市扰攘,民怨沸腾。王茂荫鉴于这种情况,又于咸丰四年(公元1854年)二月,再次上书《再论加铸大钱折》。四月又上书《再议钞法折》(即郭沫若讲的著名"章程四条"),其要点正如马克思分析的,即"将官票、宝钞改为可兑现的钞票",同时提出辞呈。在皇帝看来,王茂荫的办法会把所有的现银都分散到商人手上,"欲使国家散实而置虚钞","尽属有利于商而无益于饷",自请辞呈是对朝廷的要挟。因此,咸丰看完他的折子大发雷霆,先是朱批:"王茂荫身任卿贰,顾

专为商人指使!"于是传旨"严行申斥"。四天之后,王茂荫被调离户部,剥夺了币制改革的发言权,成为咸丰时代行钞史上的一个悲剧人物。

王茂荫并不因为接二连三的打击而屈从压力,改变自己的人生哲学。咸丰五年(公元1855年)二月也就在他调任兵部的第二年,他再次冒着犯颜的风险,上了《请暂缓临幸御园折》,请求皇上不要在时势艰危、民力疲惫之际去游幸圆明园,为此引得咸丰大为不快,将他的上书原折掷还。由此,王茂荫因"积忤上意"而不为重用。王茂荫和同僚吴大廷说,因反对皇帝临幸圆明园一折,他不得不引疾以退,然而他并不感到后悔。

在王茂荫的一生中,因直言敢谏屡犯龙颜,几上几下,不改初衷,确属难能可贵。他于1865年去世时,清同治帝说他:"廉静寡营,遇事敢言",将他任内一切处分统统免去。

(薛正人)

翁同龢力纠杨乃武冤案

清朝同治年间,浙江余杭发生了一件古今奇案,即杨乃武与"小白菜"冤案。大学士翁同龢主持正义,为民申冤,终于使之平反昭雪。

杨乃武,浙江余杭人,同治癸酉科(公元1873年)举人;"小白菜"本名毕秀姑,长得清秀淡雅,又喜穿绿色衣报,系白色围裙,故被人称作"小白菜"。同治十一年(公元1872年)三月,毕秀姑与葛品连结婚,租住杨乃武家房子一间。因葛是做豆腐的,常夜宿作坊,秀姑常请杨乃武教她识字、念佛经。有几个无赖常戏弄秀姑,杨见到后狠狠地斥骂他们,这些无赖就制造流言蜚语,说什么"羊(杨)吃白菜"。杨乃武乃正人君子,为了脱嫌,就将小白菜一家撵走了。此后,杨、葛再无关联,断绝了一切来往。

次年夏天,葛品连暴病而亡,医生诊断为"痧病"。秀姑一向与婆母葛喻氏不和。儿子死了,葛喻氏借题发挥,在余杭知县刘锡彤之子刘子翰(他曾强奸过毕秀姑)等人调唆下,向县衙呈上状纸,说葛品连死因不明。县吏沈仵作草率验尸后,县令刘锡彤断定葛品连之死系毕秀姑下毒所致,对秀姑严刑审讯。秀姑熬刑不过,伪供自己与杨乃武有奸情,合谋毒死葛品连。刘据此刑讯杨乃武。杨严词否认,但刘仍以杨、毕合谋杀葛及审讯、验尸各情上报杭州府。杭州知府陈鲁下令将一干人犯押解到杭州,对杨酷刑逼供,一连几堂,杨被迫诬供自己曾将砒霜交予秀姑,嘱其杀葛。杭州府遂上报浙江省,浙江巡抚杨昌浚又据以上报刑部。

在此期间,杨乃武之姊杨淑贞、妻詹彩凤到处奔走营救。她们先是到省城喊冤,后两次上京告状。浙江生员及杨之好友三十余人,联名向都察院及刑部控告,揭露此案七审七决,都是严刑逼供所致,这是草菅人命。朝野内外的议论,引起了慈禧太后的关注,批示此案"交刑部核议",又命大学士翁同龢署刑部右侍郎之职,核议此案。

大学士翁同龢详细查阅了案卷后,对浙江学政胡瑞澜等人的审理产生怀疑,他发现京师一些官员和承办杨案的官员之间存在着明显分歧,他秘密拜访了前任刑部右侍郎夏同善,又会同刑部尚书桑春荣等人共商,并找到浙江司刑狱官员林拱枢了解情况,越觉此案有疑。经过一番周密的调查研究后,他决心设法使此案"提交刑部"审办。当慈禧问此案时,翁同龢说:"事

关逆伦,人命呈重,应请敕下巡抚,将棺、犯、人证解京,听候交检,自然水落石出。"

光绪二年(公元1876年)杨乃武一案由刑部尚书审理,杨乃武把案子发生经过,作了详细申述,既未与秀姑通奸,更无合谋毒死葛品连之事;秀姑也直呼冤枉,没有这回事;又经过开棺验尸,结果无毒。经审理,案情基本明了,决定追究审办不力人员。此时,四川总督丁宝桢忽然跳出来阻挠平反,并大闹刑部,面斥桑春荣昏老糊涂,致使桑春荣不敢出面参革。同时,刑部另一个尚书皂保因受浙江巡抚杨昌浚的贿赂,也不主张平反。在这关键时刻,翁同龢再次挺身而出,坚决主张平反,依律惩办有关人等。有人劝他"少管闲事",免得被人指为"越俎代庖"、"干预刑堂大政"、"吃力不讨好"。翁同龢驳斥说:"刑部乃一国重典,岂可视为儿戏!"在两宫太后召见时,翁同龢一再为此陈奏,"力请湔雪"。在他的授意下,御史王昕又出面上奏,弹劾徇私枉法,捏造供词的杨昌浚、胡瑞澜等。

光绪三年春,慈禧下了平反懿旨,将县令刘锡彤发配黑龙江,沈仵作杖责80、徒刑2年,学政胡瑞澜及杭州知府陈鲁等数十名浙江官吏一律革职查办,并对诬告、伪证者也予以惩罚。杨乃武出狱后,于民国三年(公元1914年)去世;秀姑出狱后,削发出家为尼,死于民国八年。翁同龢身处高位,维护国法,为民申冤,为世人所称道。

(薛正人)

处世翘楚

力主变法的康有为

戊戌变法,是中国近代史上的一件大事,虽然只是昙花一现,却对中国此后历史的发展进程产生了深远的影响。这次变法运动的领导者康有为,不顾个人安危,七次上书光绪帝,倡议变法自强而受到后人的称道。

康有为(公元1858~1927年)字广厦,号长素,广东南海人,幼习"经世之学",但国家的危亡,使他对传统文化产生了怀疑;"薄游香港"后,更感到资本主义比封建制度优越,从此走上向西方寻找真理、改良中国现实政治的道路。

1888年,康有为趁进京应试之机,第一次上书光绪帝,请求改良政治,以"挽救世变",提出了"变成法"、"通下情"、"慎左右"的主张,但为朝廷顽固派中途截留,未能呈达光绪帝案头。

甲午战争中国战败后,1895年4月清廷派李鸿章与日本帝国主义签订了丧权辱国的《马关条约》。主要有:割让台湾全岛及附近各岛屿,赔偿日本军费库平银二亿两。消息传出,举国哗然。5月2日,康有为及弟子梁启超趁在京应试的机会,联合各省应试举人1300余人署名,上书光绪帝,提出"拒和"、"迁都"、"练兵"、"变法"的维新主张。这就是历史上有名的"公车上书"。这次上书仍被拒绝代呈,光绪帝没有看到。应试后,康有为中进士,授工部主事而不就,在京组织强学会、圣学会、保国会,创办《中外纪闻》,宣传改良变法的理论。

1895年5月29日,康有为呈送《上清帝第三书》,提出了变法的步骤,谓自强雪耻之策有四:即富民、养民、教士、练兵,实现上述四策需"人才得,左右贤,下情达"。这是光绪帝第一次看到他的上书。

1895年6月30日,康有为目击帝国主义在中国的肆虐,"忧思愤盈",第四次上书光绪帝,正式提出了"设议院以通下情"的政治主张,如此方能"百废并举,以致富强"。但又被顽固派拒绝代呈。

1897年11月,德国强占胶州湾,康有为得知消息,匆匆赶赴北京,第五次上书光绪帝,提出"采法、俄、日以定国是","大集群才而谋变政","听任疆臣各自变法",还提出将国事交付国会议行,并请颁行宪法等变法自强的具体措施。光绪帝看后深以为然,于1月24日召见康有为于总理衙门,"询问天下大计,变法之宜"。又索要康有为所著《日本变政考》等,以供他参阅。

1898年1月29日,康有为撰《应诏统筹全局折》,第六次上书光绪帝,系统地提出了变法的纲领,要求光绪帝在天坛或太庙召集群臣,宣布变法维新,"诏定国是";在午门设立"上书所",派御史二人监收,准许人民上书,有"称旨"的,便召见察问,量才录用;在内廷设制度局,订立各种新章,下设法律、税计、学校、农商、工务、矿政、铁路、邮政、造币、游历、社会、武备等12局。光绪帝看后,甚为欣赏。

随后,康有为进呈《俄主彼得变政记》,附呈第七次上书。书中认为"俄国其君权最尊,律制崇严,与中国同","然其以君权变法,转弱为强、化衰为盛之速者,莫如俄前主大彼得",请求光绪帝效法俄国的彼得大帝,变法自强。

在康有为、梁启超为首的资产阶级改良派的呼吁推动下,光绪帝于1898年6月11日接受维新派的改革方案,毅然下达"明定国是"诏,宣布变法维新,引用维新人士,自此到9月21日的103天中颁布了一系列维新法令,推行新政。但维新运动遭到以慈禧太后为首的顽固势力的反对和阻挠。9月21日,戊戌政变发生,光绪帝被囚禁,谭嗣同、杨锐、刘光第、林旭、杨深秀、康广仁遇难(史称"戊戌六君子"),康有为、梁启超出逃。变法虽然失败了,康有为后来的行为也有某些历史教训。但当初他七次上书、变法图强的精神,应该说是开了救亡图存、振兴中华的先河。

(陈劲松)

陈宝琛诤言谏溥仪

中国历史上最后一位帝师陈宝琛,身历道光、咸丰、同治、光绪、宣统五朝和民国初年,遭逢改朝换代的巨变,饱经沧桑。他具有忠君思想,终身以"不事二君"而抵制共和,赞成复辟,但极力反对溥仪投靠日本,颇重保持民族气节。

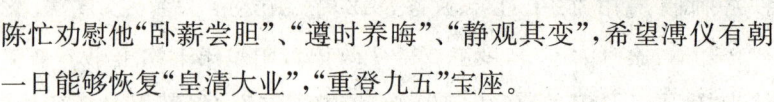

1924年10月,溥仪被冯玉祥逐出故宫时,见到陈宝琛,放声大哭说:"我无颜见祖宗啊!"陈忙劝慰他"卧薪尝胆"、"遵时养晦"、"静观其变",希望溥仪有朝一日能够恢复"皇清大业","重登九五"宝座。

在赴东北充当伪满洲国傀儡执政前,溥仪与陈宝琛朝夕相处最久,彼此相知最深。在溥仪的眼里,陈宝琛是自己"唯一的灵魂、唯一的智囊",是"最忠于大清、最忠于自己、最稳健谨慎"的人。即使溥仪被赶出皇宫到了天津,陈宝琛也依然追随,"授读如故"。此时,日本侵略者对中国东北地区已经虎视眈眈了。

1931年9月18日,盘踞在我国东北境内的日本关东军,精心

策划并制造了震惊中外的九一八事变，拉开了日本侵华战争的序幕。为了实现吞并中国东北地区的狼子野心，日本人想到了清朝末代皇帝溥仪。11月2日，日本大特务土肥原贤二秘密来到天津，想迎接溥仪至满洲成立国家，溥仪等人非常高兴，但是，陈宝琛极力反对溥仪到东北建立伪满洲国，他力排众议说："贸然从事，只怕去时容易回时难也"；"不可轻信郑孝胥欺罔之言"，言语之间不禁声泪俱下。11月5日，溥仪召开"御前会议"商讨此事，陈宝琛主张慎重，反对贸然行事；而郑孝胥等人却主张"趁时而动"。一场激烈的争辩在二人之间展开。

陈宝琛和郑孝胥争论的实质是：恢复大清是中国的内部问题，但去东北图谋复辟，受日本人控制，是投敌卖国问题。但1931年11月10日，溥仪背着陈宝琛，还是与郑孝胥等人悄悄离开天津，潜往东北。对于溥仪的不听忠言和不辞而别，陈宝琛老泪纵横。12月，性格倔强的陈宝琛不顾严寒，只身前往东北，冲破郑孝胥等人的百般阻挠，面见溥仪，叮嘱他要"静以观变，等待时机"返回天津。两天后，溥仪召见陈宝琛，向他道出了日本人将要建立"蒙满共和国"，他自己将出任"总统"的计划，遭到了陈宝琛的坚决反对。他劝溥仪不可轻信郑孝胥的"欺罔之言"，不要上日本人的圈套，并说："臣风烛残年，恐不能再来，即来，也恐未必能见，愿皇上保重！"临别前，陈宝琛再三叮咛溥仪："若非复辟以正统系，何以对待列祖列宗在天之灵？"但听者渺渺，只是对牛弹琴而已了。

1932年3月1日，日本假借"满洲国"政府的名义，发表了"建国宣言"。3月8日，溥仪粉墨登场，就任"执政"，年号大同，定都长春，改称"新京"。得知这一消息后，陈宝琛不禁十分难过和愤怒。9月，已经85岁高龄的他不远万里来到长春，最后一次见溥仪，由于过于悲伤，以至于他"忧愤郁结，气窒舌塞，尚多不达之词"。

陈宝琛在长春两个多月，不断劝谏溥仪。在一次宴请中，大家

玩文字游戏，陈宝琛说出一副对联是："日暮那堪途更远，中干岂察外犹强"。在座的大汉奸郑孝胥的侄儿把这对联抄下来，带给郑孝胥看，郑又转给日本大特务土肥原贤二。土肥原贤二一看大怒，说陈宝琛对联讥讽日本，非要整治陈宝琛，幸而有人出面调解，又碍于溥仪的情面，陈宝琛才未遭日人毒手。

长春的两个多月经历，陈宝琛完全明白：溥仪已被送进了日本人设置的牢笼，只能听命于"主人"，没有什么事可以自主了。陈宝琛感到一种空前的"报国"无门的渺茫，向溥仪洒泪告别。

陈宝琛看着溥仪一步步走向背叛民族的深渊，心里的痛苦是无可言状的。他常常对身边的子孙念叨着："民族是不能得罪的！"1935年3月末代帝师陈宝琛在北平病逝。

（陈劲松）

"为人民鼓咙胡"的彭德怀

庐山会议，是共和国历史上一次具有重大影响的事件，为世人所关注。在这次会议上敢于直言、为民请命，并向中共中央主席毛泽东上书直陈时弊而蒙冤的彭德怀，以其刚正不阿、坚持真理的气节，受到人们的敬仰。

彭德怀不仅以战功卓著而享誉中外，而且素以刚直、坦诚著称党内外。第一个去红军苏区采访的外国记者埃德加·斯诺曾写道："彭德怀谈话举止里有一种开门

彭德怀（左）与毛泽东在一起

见山、直截了当、不转弯抹角的作风,很使我喜欢,这是中国人中不可多得的品质。"

1958年,"大跃进"和人民公社化运动掀起时,身为中共中央政治局委员、国务院副总理兼国防部长的彭德怀,和其他同志一样,为报纸和各种报告中描绘的"大跃进"奇迹和群众热情所鼓舞、所迷惑。当他到西北几省视察时,发现了存在工作浮夸和干部强迫命令等现象,开始感到不安,并对中央统计的1958年全国粮食产量产生了怀疑。同年12月,他带着疑问,到湖南省湘潭县自己的家乡乌石公社、毛泽东的家乡韶山公社等地作深入调查。

在调查中,他亲自到田头估算水稻产量,查实当地基层干部为应付上级的高指标而放"卫星",虚报粮食产量。同时也发现一些干部随意打骂群众,强迫拆房建居民点、吃公共食堂、毁树烧炭、砸锅炼铁、瞎指挥、浮夸风和"共产风"等等"左"的错误严重泛滥。在平江,一位红军老战士递给他一张纸条,上面写着:"谷撒地,薯叶枯,青壮炼铁去,收禾童与姑。来年日子怎么过,请为人民鼓咙胡(湖南方言呼吁的意思)。"彭德怀感到"这是群众沉痛的呼声",心情特别沉重。当月底,他在株洲打电报给中央,说明1958年征购粮不能达到1200亿斤,只能以900亿斤为宜。否则,征了过头粮,会影响农民的生产积极性。

1958年底至1959年6月,彭德怀忙于平定西藏达赖集团叛乱事件,率军事代表团出访东欧七国和蒙古,但仍关心着国内经济形势。当他了解到甘肃等省开始严重缺粮的情况后,感到对浮夸风不能坐视不管。当他接到中央在庐山召开会议的通知后,于1959年6月29日离京前往庐山。在7月3日至10日的8天中,他在西北小组会上共有7次发言或者插话,以其一贯的直率,发表了他对1958年"大跃进"以来的国内经济形势的意见。当他得知会议将结束时,认为会议没有真正认清并解决"左"的危害,感到自己作为党员,有义务实事求是地反映情况。13日晨,他前往毛泽东住处,但因毛泽东工作了一整夜刚睡下而趑回。

当天晚上,彭德怀写了一封致毛泽东的信。信中在肯定1958年"大跃进"成绩的同时,着重指出了大炼钢铁、人民公社化等方面存在的一些严重问题及其原因,希望引起毛泽东的重视,领导纠正存在的问题。

但是,事与愿违。毛泽东收到彭德怀的信后,不愿承认"大跃进"等工作中问题严重,反而将彭德怀的不同意见看做是与自己对抗,批判为右倾机会主义。因此,8月2日至6日举行的中共八届八中全会通过决议,错误认定彭德怀与明确支持其基本观点的政治局候补委员、外交部副部长张闻天和人民解放军总参谋长黄克诚、湖南省委第一书记周小舟犯了"具有反党、反人民、反社会主义性质的右倾机会主义路线的错误"。彭德怀等人由此被罢职并受到严厉的批判。

"文化大革命"中,彭德怀遭到林彪、"四人帮"反党集团长期残酷的迫害,于1974年11月含冤病逝。1978年12月,中共十一届三中全会纠正了对彭德怀所作的错误结论。同月,党中央在北京为彭德怀举行追悼会,对他作出了全面、公正的评价,并为他恢复了名誉。他高尚的精神、感人的气节已成为党宝贵的精神财富,永远为人们所怀念和学习。

(汪泗淇)

说真话的王稼祥

1933年4月27日,红一方面军取得第四次反围剿重大胜利后,在总部驻地江西乐安县谷岗村召开了全军青年工作会议。会议进行当中,国民党军飞机对会场实施狂轰滥炸,时为总政治部主任的王稼祥被弹片打穿肠子,身负重伤。此后,这腹部弹伤伴随他参加了遵义会议、二万五千里长征,直到1936年10月,因病情的发展和交通状况的改善,中共中央才决定让王稼祥去苏联治伤,同时委任他为中国红军代表与共产国际接洽,并加入驻共产国际中共代表团。

1937年7月初,王稼祥在曾任军委总卫生部部长贺诚的陪同下,辗转来到莫斯科,随即被送进医院,开刀治疗,腹部的炸弹碎片终于被清除。出院后,为了更好地恢复健康,他被送往南俄疗养。9月,因驻共产国际中共代表团成员王明(同时还担任共产国际执委会委员、主席团成员)和康生准备回国,王稼祥由南俄疗养地被召回到莫斯科,开始参加中共代表团的工作。

11月11日,王明和康生、邓发陪同王稼祥去克里姆林宫会见斯大林。会见时,共产国际总书记季米特洛夫也在座。当他们进入斯大林办公室时,王稼祥被介绍为"他是不久前才从陕北来到莫斯科的",这句话引起了斯大林的注意。斯大林以他特有的一句一停和斟字酌句的缓慢语气,简要地对中国共产党和中国革命表示了肯定和支持以后,面对王稼祥问道:"现在你们的红军有多少人?"王稼祥回答说:"我们党领导的中国工农红军,在敌人的围剿和长征过程中,遭受了严重的损失,到达陕北后,大约还有3万人。"而坐在一旁的王明立即插话"纠正"说:"据我所知,中国红军还有30万人。"因为俄文中没有"万"这个单词,所以王稼祥说的是30千人,而王明说成300千。这使王稼祥大为吃惊:一个共产党的领导人难道可以如此虚夸?!实事求是的原则到哪里去了?!对于两个相去甚远的数字,斯大林略加思考后,也就明白了,因为前者是亲自参加过长征并来自陕北的红军领导人的真实回答。当时,斯大林说,重要的是红军的每个战士都是真正的战斗员,而不是吃粮的。在这次会谈中,还涉及中国共产党与国民党合作、建立抗日民族统一战线问题,中国革命战略阶段问题,中国的军事工业问题,政权问题,抗日战略问题等。

王明、康生11月回国后,就由王稼祥担任中共驻共产国际的代表。他当时的主要工作,就是向共产国际执委会反映中共党内、国内的情况和以毛泽东为代表的中共中央关于抗日民族统一战线的政策和独立自主的原则。王稼祥接任后,即着手整顿代表团办事机构,裁减工作人员,只留下几个人,并告诉他们:我是个军人,多年的军事工作养成了雷厉风行的作风,习惯于按军事纪律严格要求。首先我要求工作效率高,办事不要拖拖拉拉;其次要准确,一是一,二是二,要实事求是,不要模棱两可,似是而非。我们的一切工作必须做得有条有理,有始有终。这就一改王明主持代表团工作期间散漫、浮夸的习气和混乱的局面。

实事求是,是我们党的思想路线,是一项根本的原则。王稼祥是我党我军在一个较长时期的重要领导人,在工作和生活中,说实话,干实事。他参加了反"围剿"斗争及二万五千里长征,当然知道红军的伤亡巨大与损失惨重,也知道长征的胜利是在中央纠正了"左"倾机会主义错误、执行了正确的战略方针后才取得的,来之不

易,因而对到达陕北的红军人数无需讳言,无需通过夸大来粉饰。从这件事中也可看出他坚持实事求是的原则及充满了革命乐观主义精神。

(方 英)

为农民仗义执言的郭崇毅

郭崇毅在安徽省政府参事室工作几十年,是中国共产党的忠实诤友,人民群众的忠实代言人。他一生秉承说实话、不说假话,绝不做违心之事的做人原则,忠实地履行参政议政、建言献策的职责,虽然曾经付出过沉重的代价,但他"虽九死而不悔",依然凭着一颗对党的赤胆忠心,执着地追求真理。

1956年,他受省政协委派,到肥西调研。当时,肥西县肥光高级农业合作社是一个"标兵单位",据称粮食产量很高,他奉命去调研总结那里的先进经验。听了当地的汇报后,他非常高兴,但当他把经人口头汇报的数字与账本上记载的数字核对时,却发现出入很大。经了解,才知道粮食产量的数字是虚报的,而且这样的情况在其他几个高级社里也都存在。虚报的结果必定会殃及农民的口粮和种子粮,会造成严重的后果。郭崇毅急了。回省城后,他立即实事求是地反映了肥光社等几个社的浮夸问题,要求省委采取措施制止并预防粮荒。在当时的形势下,高级社的问题是不能触摸的,这份报告无疑是捅了马蜂窝,他被指责为"造谣",是"蓄意反对农业合作社",对他的批判日益升级,直到"现行反革命",最终锒铛入狱。1955年,郭崇毅就曾因坚持不说假话、拒绝揭发别人的所谓"反革命"言论而被牵连入狱,一年后才平反。这次又因为坚持反映实际情况而被判刑。他并没有后悔,当1962年"七千人大会"召开,他得以平反出狱时,提笔写道:"往日还该放眼看。一去如烟,共赴艰难。春风万里在身边。"

　　历史的车轮转到了1978年,郭崇毅在农村体制改革的实践中,又坚持实事求是的原则,顶风前进,作出了重要的贡献。这一年,合肥地区遭到百年一遇的干旱,晚稻颗粒无收。肥西县山南区委大胆地推行"分地种保命麦",收到显著的效果。这里的老百姓挑水点种,干劲十足,第二年夏季,家家户户的门口都堆上了麦堆。农村的生产关系一旦适应了生产力,由此而带来的效益是巨大的。郭崇毅看到这一现象,兴奋异常,他奋笔疾书,赶写了调查报告《关于参观肥西县午季(夏季)大丰收情况的报告》,报告用令人信服的事实说明了包产到户确能有力推动农业生产的发展,建议有关部门及时研究实践中出现的理论问题,总结成功经验。他要把山南改革的火种保护下来,传播开来。

　　这在当时是有政治风险的。别人给他泼冷水,劝他慎重,但他却自费跑到北京,通过中国社科院向党中央送达了这份报告。接下来,他又撰写了《责任到户的性质及其有关问题》的论文,从理论上阐述了农业生产责任制的一些问题。郭崇毅冒着极大的政治风险,不顾个人安危,连续三次上书中央,直言进谏,大胆提出"包产到户,势在必行",发出了要求"包产到户"的强烈呼唤,一颗爱国为民的赤子之心呼之欲出!这三次上书,有理有据,为中央关于农村改革的重大决策提供了十分珍贵的第一手材料。1980年9月,农业生产责任制正式写进中央红头文件。由安徽凤阳小岗村、肥西山南地区等地点起的改革星星之火,迅猛燃遍全国农村。

2008年底,国务院参事室和中央文史研究馆联合作出向郭崇毅学习的决定,得到全国参事室系统的热烈响应。

郭崇毅坚持实事求是的铮铮铁骨、拳拳之心和为人民利益鞠躬尽瘁、直道而行的崇高精神,已载入了我国农村改革的史册。

(朱强娣)

刚直不阿

包拯赴任天长知县时写诗自勉:"清心为治本,直道是身谋。"蒲松龄在《聊斋志异》中说:"济南同知吴公刚正不阿。"他是中国古代第一个把"刚正"和"不阿"连用的人。从此,"刚正不阿"这个成语就出现了(也作"刚直不阿")。刚正不阿是为人为官者面对强权时一种不可或缺的精神。

本节所介绍的12位反抗暴力、力驳权贵的斗士,用他们烈火烹油般的幕幕灿烂,点燃人们心中的火热。汉文帝出巡,一个乡下人惊了他的座驾,差点翻车,文帝命令捉住这个人交给廷尉张释之审讯,张释之说这个乡下人触犯清道禁令,应处以罚金。汉文帝发怒说:"这个人惊了我的马,差点摔伤了我,你才判处他罚金!"张释之说法律就这样规定的,我只能按法律判罚!颍川太守黄霸着力对官吏进行教化,让他们背诵汉宣帝的新法令"六条问事",即不许"田宅逾制"、"倍公向私"、"侵渔百姓"、"聚敛为奸"等;打击豪强地主、恶霸、地痞,让他们补足拖欠国家的税款,返还强占百姓的土地、粮食、牧畜、房屋;号召流亡农民回乡开荒种田,并带头脱掉官服官靴,下地拉犁耕地。清朝康熙年间有位巡抚辞世时家中仅遗8两银子,连买棺材的钱都不够,靠他人资助的20两白银才能成殓,百姓称这位清官为"三汤"巡抚,即豆腐汤、黄连汤、人参汤。豆腐汤清,黄连汤苦,人参汤既清又苦。这是人们对这位清官个人生活清苦、为官清廉如水的高度赞誉,这位"三汤"巡抚就是清初理学名臣汤斌。武则天晚年曾打算将自己的侄子武三思立为太子,大臣狄仁杰却向武则天劝道:"太子是天下的根本,根本动摇了,必然会出现危险和祸乱!当初太宗皇帝南征北战打下了江山,天下人都知道江山是李家的。现在皇上在传位问题上让人不能理解。一个是母子之亲,一个是姑侄之亲。究竟是哪一个更亲,所有人都知道。皇上为什么这样固执呢?难道皇上认为娘家侄子比自己的亲生儿子更能孝顺自己吗?"武则天听了狄仁杰话,终于决定将庐陵王李显立为太子。狄仁杰因此被历代政治家、史学家称为再造唐室的忠臣义士。"要留清白在人间"的于谦,不畏权贵指斥亲王的李卫,毫无媚骨的硬骨头鲁迅,毅然与蒋介石腐败政府决裂的爱国侨领陈嘉庚,敢于面斥"女皇"江青的陶铸。他们克己奉公、淡泊守志,刚锋永在,清廉长存的精神,是我们构建和谐社会,实现民族伟大复兴的不竭动力。

量刑依法不依君的张释之

张释之是西汉文帝时南阳堵阳县（今河南方城东）人，官任廷尉，掌管全国的司法工作。

还在张释之任公车令时，太子刘启和梁王刘武同乘一辆车入朝，到了皇宫外的司马门也没有下车，张释之马上迎上去阻止太子、梁王，不让他们进宫，并向汉文帝检举揭发他们在皇宫门外不下车，犯了"不敬"之罪。汉文帝摘下帽子赔罪说："都怪我教导儿子不严。"薄太后也派内侍带着她的赦免太子梁王罪过的诏书前来，太子、梁王才得以进入宫中。

一次，汉文帝出巡经过长安城北的中渭桥，突然有一个人从桥下跑了出来，汉文帝车驾的马受了惊，差点翻车。于是命令卫士捉住这个人，交给了廷尉张释之。张释之立即审讯这个人。这人说："我是长安县的乡下人，听到了清道禁止人通行的命令，就躲在桥下。过了好久，以为皇帝的队伍已经过去了，就从桥下钻出来，一下子就看见了皇帝的车队，赶紧跑起来想躲开，谁知却惊了皇帝的马。"张释之向汉文帝报告这个人应得的处罚，说他触犯了清道的禁令，应处以罚金。汉文帝发怒说："这个人惊了我的马，我的马幸亏驯良温顺，假如是匹烈马，岂不是就摔伤了我，可是廷尉才判处他罚金！"张释之说："法律是天子和天下人应该共同遵守的。现在法律就这样规定的，您却要再加重处罚，这样法律就不能取信于民。您既然把这个人交给廷尉审讯，廷尉是天下公正执法的带头人,稍一偏失,就会起到很恶劣的带头作用,天下执法者都会任意或轻或重,这样的话,老百姓岂不会手足无措?愿陛下明察。"沉吟了半晌,汉文帝才说:"廷尉的判处是正确的。"

后来,有人偷了汉高祖庙神座前的玉环,被抓到了,汉文帝怒火冲天,马上交给廷尉治罪。张释之按法律所规定偷盗宗庙服饰器具之罪奏报汉文帝,按法律判处死刑。汉文帝大怒说:"这个人胡作非为无法无天,竟偷盗先帝庙中的器物,我交给廷尉审理的目的,是想要给他灭族的惩处,而你却一味按照法律条文把惩处意见报告给我,这不是我恭敬奉承宗庙的本意啊!"张释之脱帽叩头谢罪说:"依照法律处罚已经足够了。况且在罪名相同时,也要区别犯罪程度的轻重不同啊。现在他偷盗祖庙的器物就要处以灭族之罪,万一有愚蠢的人挖长陵一捧土,陛下用什么刑罚惩处他呢?"过了一些时候,汉文帝和薄太后讨论了这件事,才最终同意了张释之的判决。由于张释之不惧权贵,公正执法,得到天下人的称赞。

当然,张释之不阿谀权贵,依法办事,必然会招来许多封建贵族的忌恨。汉文帝死后,汉景帝即位。张释之知道有人会借机报复他,就装病准备辞官。这时,有一个道家老者叫王生的人被召进朝廷,三公九卿全站在那里,王生说:"我的袜带松脱了。"回过头来对张释之说:"给我结好袜带!"张释之就跪下给他结好袜带。事后,有人问王生:"为什么在朝廷上羞辱张廷尉,让他跪着结袜带?"王生说:"我年老,又地位卑下,不能给张廷尉什么好处。张廷尉是天下名臣,我故意羞辱张廷尉,让他跪下结袜带,是想用这种办法加强他的名望啊。"王生老人为了提高张释之在君臣中的声望,甘冒触犯戏弄大臣之罪的危险,这说明张释之受到当时广大臣民的敬慕。他依法治国的精神在我国历代一直受到称颂。

(陈劲松)

教化治民的黄霸

✱✱✱✱✱✱

黄霸字次公,西汉时期淮阳阳夏(今河南太康)人,西汉名臣。史学家班固评论说:"自从汉朝建立以来,要讲治理百姓的官吏还是数黄霸第一。"

黄霸还在年少时,就立下了做一名好官吏的志向。由于汉时并无科举制度,汉武帝为缓解财政困难,发布诏令,凡是向国家贡献财产的给官做。于是黄霸便用粮食换了一个卒史。从政后,他奉公守法,体察民情,崇尚仁政,反对酷刑;主张对犯罪实行外宽内明,教化为先,把重点放在防患于未然上。汉宣帝继位之后,听说了黄霸的宽和名声,便召黄霸为廷尉正,负责刑法诉讼。黄霸上任后,处理了几宗疑难案件,大家都觉得很公平。不久,黄霸便被提拔为丞相长史。

汉宣帝是汉武帝的曾孙,曾经一度沦为平民,因为很偶然的机会才被霍光等人推上了皇帝的位子。他为了表示自己的正统地位,就想褒扬曾祖父汉武帝的功德,下诏给丞相和御史大夫,让大臣们商议汉武帝的"庙乐"。大臣们自然顺水推舟,附和宣帝。但偏偏有人站出来反对。此人便是汉朝大儒夏侯胜。他客观地指出了汉武帝时代的种种暴政过失,认为这样的皇帝,根本不应该享受"庙乐"。满朝文武官员只有黄霸一人支持夏侯胜的观点,认为应该实事求是,以教化天下。于是夏侯胜和黄霸都被逮捕,判了死刑。但汉宣帝也舍不得杀这两位贤臣,就把他们一直关着,没有执行死刑。黄霸和夏侯胜被关在一间牢房里,过了好久也不见动静,黄霸就向夏侯胜说："每天坐在牢里无事浪费大好光阴，不如我拜您为师，学习《尚书》经义吧。"夏侯胜推辞说："咱们都是要死的人了，学这个还有什么用呢？"黄霸说："孔夫子曾经说过，朝闻道，夕死可矣！咱们就听从夫子的教导吧！"夏侯胜很感叹，就收黄霸为弟子，每日在狱中讲授《尚书》。一个讲，一个学，就这样度过了3年时光，因汉宣帝大赦天下，夏侯胜和黄霸才得以出狱。

出狱后黄霸被任命为扬州刺史，3年后，因政绩突出，被任命为颍川太守。黄霸不坐轿，不骑马，而是微服骑骡去上任。进入颍川地界，就看到逃荒要饭的百姓一拨又一拨，他就问这些百姓为何要背井离乡？逃荒者告诉他因为土地被豪强恶霸掠夺去了，无田可种，不逃荒就得饿死。黄霸说："为何不去县衙告状？"逃荒者哭诉："进衙门告状，未开口先挨打，谁还敢去啊！"黄霸明白了，便劝他们回颍川，新任太守会替他们申冤做主。黄霸向汉宣帝写了一份奏章，恳请恩准在颍川开仓放粮，把颍川郡几万流亡农民安置好，这样皇上的新政新法令就能在颍川实行。他在奏章最后说，"民是水，水可以载舟，也可以覆舟。"汉宣帝答应了他的要求。黄霸到颍川第一件事就是出安民告示，教化百姓，学习法令，并派人到处张贴告示，号召流亡农民回乡，凡回家开荒种田者发放粮食，发放种子，免税免劳役。为了赢得百姓的信任，他带头脱掉官服官靴，下地拉犁耕地。他的做法一传十，十传百，外出逃荒的农民都回来了。为了让流亡农民安心，不再外逃，他责令各县县令安置逃荒者，违者重罚。

在颍川，黄霸不光安抚平民百姓，还着力对官吏进行教化。他把颍川郡二十多个县令叫到大堂来，让他们一个个背诵汉宣帝的新法令，会背诵的就放走，不会背诵的留下来。有一个县令读"六条问事"读得浑身发抖跪在地上，磕头如捣蒜地说："大人，我认罪，我错了，请大人赏我一个全尸。"因为他的所作所为与"六条问事"

条条沾上,如按法惩办,必死无疑。所谓"六条问事"是汉宣帝考察地方官员的标准,内容包括不许"田宅逾制"、"倍公向私"、"侵渔百姓"、"聚敛为奸"等等。黄霸到任后将这"六条问事"法令在大街小巷到处张贴,大张旗鼓宣传。黄霸认为考察的重点应在防患于未然,而不是事发后的追究与处理,所以郡守官员和二十多个县令个个心悦诚服。他到任后首先发展生产,使农民丰衣足食。经济上打下一定基础后,他开始打击豪强地主、恶霸、地痞,让他们补足拖欠国家的税款,返还强占百姓的土地、粮食、牧畜、房屋,要求他们自食其力。在黄霸的治理教化之下,5年之后,颍川夜不闭户,路不拾遗,成了繁华富饶之地。汉宣帝非常高兴,下诏调黄霸出任京兆尹,并赏赐他100斤黄金。他却把100斤黄金捐献给颍川郡修理河道,自己分文不留。

黄霸一生持政宽和,奉职守法,体察民情,施行德教,至今仍为百姓所传颂。

(陈劲松)

以百姓心为心的狄仁杰

狄仁杰是唐朝杰出的政治家。狄仁杰为官,正如老子所言"圣人无常心,以百姓心为心",为了拯救无辜,敢于拂逆君主之意,始终保持体恤百姓、不畏权势的本色。

唐高宗仪凤年间,狄仁杰升任大理丞,他刚正廉明,兢兢业业,一年中判决了大量的积压案件，涉及1.7万人，无一申冤上诉者。为了维护封建法律制度，狄仁杰甚至敢于犯颜直谏。仪凤元年（公元676年），武卫大将军权善才因误砍了李世民昭陵的柏树，狄仁杰上奏他的罪行，按法律应当免职。熟料唐高宗却下令即诛之，狄仁杰又上奏，说他罪不当死。唐高宗怒道："权善才砍昭陵上的树，是使我不孝，我必须杀他。"左右的人都用眼睛暗示狄仁杰，叫他不要再说了，狄仁杰却说："我听说逆龙鳞、忤逆君王，自古都被认为是艰难的恐惧的，我不这样想，这种事在桀、纣这样的昏君、暴君时是令人恐惧的，在尧、舜这样的明君时则没有太大关系。我今天遇上了明君就不用担心像比干一样死去。忠心的大臣为了江山社稷是不能惧怕的，今天皇上不采纳我的意见，以后会后悔的。像今天这样的情况，有很多种处理办法，为什么一定要用死刑呢？国家的法律说变即变，治下的百姓会手足无措的。现在皇上仅仅因为昭陵上一株柏树被砍，就处死一名将军，千载之后，后人会如何评价您呢？所以我不敢奉命杀权善才，从而陷皇上于不仁不义之境地。"唐高宗听了，火气慢慢也消了，就采纳了他的建议。权善才也因此活下来了。

不久，狄仁杰被唐高宗任命为侍御史，负责审讯案件，纠劾百官。任职期间，狄仁杰恪守职责，对一些巧媚逢迎、恃宠怙权的权要进行了弹劾。司农卿韦弘机为唐高宗修建了宿羽、高山、上阳等宫殿，承高临深，壮丽辉煌。狄仁杰上奏章弹劾韦弘机引导皇帝追求奢侈，韦弘机因此被免职。左司郎中王本立恃恩用事，百官畏之。狄仁杰毫不留情地揭露其为非作歹的罪行，请求交付法司审理。唐高宗想宽容包庇王本立，狄仁杰以身护法："国家虽乏英才，岂少本立辈！陛下何惜罪人以亏王法！"王本立最终被定罪，百官肃然。后来，狄仁杰官迁度支郎中，唐高宗准备巡幸汾阳宫，以狄仁杰为知顿使，先行布置途中食宿。并州长史李冲玄因皇帝走的

道路要经过妒女祠,觉得不吉利,遂征发数万民力另开一条御道。狄仁杰说:"天子之行,千乘万骑,风伯清尘,雨师洒道,何妒女之害耶?"从而免除了并州数万人的劳役。唐高宗闻之赞叹说:"真大丈夫矣!"

武则天垂拱二年(公元686年),狄仁杰出任宁州(今甘肃宁县、正宁一带)刺史。其时宁州为各民族杂居之地,狄仁杰注意妥善处理少数民族与汉族的关系,"抚和戎夏,内外相安,人得安心",当地百姓为他勒碑颂德。是年狄仁杰升为冬官(工部)侍郎,充江南巡抚使。狄仁杰针对当时吴、楚多祠庙的弊俗,奏请焚毁祠庙1700余所,减轻了江南人民的负担。垂拱四年,博州刺史琅琊王李冲起兵反对武则天当政,豫州刺史越王李贞起兵响应,武则天平定了这次唐宗室叛乱后,派狄仁杰出任豫州刺史。当时,受越王株连的有600余人在监,籍没者多达5000人。狄仁杰深知大多数黎民百姓都是被迫在越王军中服役的,因此,上书武则天说:"此辈咸非本心,伏望哀其诖误。"武则天听从了他的建议,特赦了这批死囚,安抚了百姓,稳定了豫州的局势。

武则天晚年曾打算将自己的侄子武三思立为太子。有一次朝会,武则天提了出来。在武则天的威严之下,朝中大臣都不敢反对。狄仁杰却向武则天劝道:"据我看来,现在天下的老百姓还是留恋李唐的。当初,匈奴犯边时,陛下让武三思招募勇士,结果一个多月应征者不足千人。后来庐陵王李显代替他,结果不到10天就招募了5万人。皇上欲立太子,非庐陵王李显不可。"武则天对此十分恼火,此次议论就不欢而散。过了一段,武则天又对狄仁杰论及立太子的事,狄仁杰对女皇说:"太子是天下的根本,根本动摇了,必然会出现危险和祸乱!当初太宗皇帝南征北战打下了江山,天下人都知道江山是李家的。现在皇上在传位问题上犹豫不决,让人不能理解。一个是母子之亲,一个是姑侄之亲。究竟是哪一个更亲,所有人都知道。皇上为什么这样固执呢?难道皇上认为娘家侄子比自己的亲生儿子更能孝顺自己吗?"武则天在听了狄仁杰讲的道理后,终于决定将庐陵王李显召回东都洛阳,立为太子。后来,李显最终继承了皇位,他就是唐中宗。狄仁杰因此被历代政治家、史学家称为有再造唐室之功的忠臣义士。

在狄仁杰为相的几年中,武则天对他的信任尊重是群臣莫及的,她常称狄仁杰为"国老"而不称他的名字。久视元年(公元700年),狄仁杰病故,朝野凄恸,武则天哭泣着说:"朝堂空也。"

(陈劲松)

"要留清白在人间"的于谦

于谦是明代历史上的一位著名人物,《明史》称他"忠心义烈,与日月争光"。

于谦,浙江钱塘(今杭州)人,出身官宦世家。他从小受到良好的家庭教育,聪明伶俐,少负盛名,15岁考中秀才,24岁考中进士。中进士后不久,他就被任命为山西道监察御史。在山西他纠察百官,体察民情,"廉干"的美名逐渐传扬开来。每次进京奏事,于谦都声音朗朗,思路清晰,深得其时在位的明宣宗喜欢。所以,当宣宗平定汉王朱高煦叛乱后,就派于谦控诉朱高煦的罪行。于谦义正词严,声色俱厉,朱高煦伏地大汗淋漓,战栗不已。宣宗欣赏于谦的才干,任命于谦以兵部右侍郎衔巡抚河南、山西。

刚直不阿

作为明代地方的最高行政长官,于谦在山西、河南等地任职达19年之久。在这19年中,他"威惠流行",甚得民心。他巡视州县,访问父老;赈济灾民,救治疫病。民间有冤狱枉屈的事,可直接到巡抚衙门申诉。于谦这些勤政爱民的措施,得到了人们的普遍赞扬,称他为"于龙图",有的地方还给他立生祠。明正统年间,宦官王振专权,作威作福,肆无忌惮地招权纳贿。百官大臣争相献金求媚。每逢朝会期间,进见王振者,必须献纳白银百两;若能献白银千两,始得款待酒食,醉饱而归。而于谦每次进京奏事,从不带任何礼品。有人劝他说:"您不肯送金银财宝,难道不能带点土特产去吗?"于谦哈哈一笑,甩了甩两只袖子说:"只有清风。"还特意写诗《入京》以明志:"手帕蘑菇与线香,本资民用反为殃。清风两袖朝天去,免得闾阎话短长!""两袖清风"的成语就是这样来的。

正统六年(公元1441年),于谦上书说:"现在河南、山西各自储存了数百万担谷物。请于每年三月,令各府州县上报缺粮的贫困户,把谷物分发给他们。先给菽秫,再给黍麦,再次给稻。等秋收后让他们还给官府,而年老有病和贫穷无力的,则免予偿还。州县官员任满应该提升时,储存预备粮达不到指标的,不准离任。并命令监察官员经常稽查视察。"皇帝下诏准予照此执行。河南靠近黄河的地方,常因水涨冲缺堤岸。于谦令加厚防护堤,计里数设置亭,亭有亭长,负责督促修缮堤岸。又下令种树、打井,于是榆树夹道,路上没有干渴的行人。他的威望恩德遍布于山西、河南,那里的盗贼都逃跑或隐藏起来了。

当初,杨士奇、杨荣、杨溥主持朝政,都很重视于谦。于谦所奏请的事,很快便得到批准。到了这时,"三杨"已经去世,太监王振掌权,便虚构了一个"久未升迁,心怀不满"的罪名,把于谦送交三法司,判处死刑。山西和河南的百姓听说后,数万人自动联合起来,到京请愿,就连封地在河南、山西的周王和晋王等朱姓藩王也上书替于谦申冤。朝廷看到众怒难犯,只好命于谦仍回原任。当时的山东、陕西流民到河南求食的,有二十余万人,于谦请求发放官府积储的粟米救济。又奏请令布政使年富安抚召集这些人,给他们田、牛和种子,由里老监督管理。

明正统十四年七月,蒙古瓦剌部首领也先率领铁骑大举南犯。年轻气盛的英宗朱祁镇在宦官王振的蛊惑下,贸然亲征。在土木堡,明朝数十万大军被蒙古军队一举击溃,英宗也成了也先的阶下囚,史称"土木之变"。

土木之变,使得明朝面临的局势极其危险。当时北京城内人心惶惶,群臣惊愕,束手无策。正是在这种关乎国家存亡、民族安危的紧要关头,以于谦为代表的一批忠义大臣处变不惊,迅速而果断地采取了禁南迁之议、除王振余党、拥立明景帝等一系列措施,彻底粉碎了也先的阴谋,稳定了大局。其中于谦领导的北京保卫战,在明朝历史上乃至中国历史上都占有重要的地位。北京保卫战,确保了明朝京师北京的安全,避免了宋朝南渡悲剧的再次发生。

明景泰八年(公元1457年),徐有贞、石亨和曹吉祥发动政变,明英宗第二次登上皇帝宝座。复辟当日,明英宗就将于谦逮捕,以"谋逆"的罪名处以极刑。"千锤万凿出深山,烈火焚烧若等闲。粉骨碎身浑不怕,要留清白在人间。"这首《石灰吟》正是于谦生平和人格的真实写照。

(陈劲松)

不畏权贵的李卫

电视连续剧《李卫当官》中,青年演员徐峥饰演的目不识丁的混混清官李卫深入人心。但很多观众在微笑中疑问,这是不是又是戏说,历史上真有李卫这个人吗?如果有,历史上的李卫到底什么样呢?答案是历史上确有其人,且还在史册上写下了浓墨重彩的一笔。

李卫是安徽砀山县唐寨镇小李寨人,家境富有,为他出钱捐了个监生资格。在康熙五十六年(公元1717年),李卫出任了兵部员外郎,两年后又任户部郎中。到了雍正即位后,不断擢升,先后任命云南盐驿道、云南布政使、浙江巡抚、浙江总督。到了雍正十年(公元1732年)更是任直隶总督,直至辞世。一生深受雍正皇帝的宠信。

李卫还在户部供职期间就干了一件让当时还是亲王的胤禛刮目相看的事:当时分管户部的一位亲王每收钱粮一千两,加收平余十两。李卫屡次谏阻都不听,于是在走廊上置一柜,写上这是某某亲王的"赢余",指明是非法收入。亲王闻此大惊,下令停收库平银。雍正十分看重李卫"勇敢任事"的优点,一继位就任命李卫为云南道盐驿道,次年擢升为布政使,掌管朝廷重要税源的盐务。

雍正四年,内阁学士、礼部侍郎、江西考官查嗣庭以《诗经》句"维民所止"命题考试,不料清廷诬称"维止"二字,意在去"雍正"二字之首,乃大不敬,将查下狱问罪。不久死于狱中,戮其尸,株连亲属。同年,汪景琪任年羹尧随笔(秘书),随年西征,因文章讥讽朝廷,被判大逆罪,立即斩决,妻发黑龙江为奴。因上述二人均系浙江人,以文字得罪朝廷,故清廷停浙江文士乡会试。为尽早恢复乡会试,时任浙江总督兼巡抚的李卫便经常深入下层,了解文士呼声,调解各种矛盾;随时跟踪检查受株连而未定罪文士的情况,发现问题,及时训导,责令改正;表现好的文士,将其事迹一一记录归档。过了一年,当朝廷派去的观风整俗使王国栋看到这些档案材料后,深为李卫的良苦用心而感动,于是和李卫同奏朝廷,替浙江文士说了许多好话。雍正帝一见奏折大喜,很快就下令恢复了浙江文士的乡会试。

雍正十一年,李卫不顾忌户部尚书兼步军统领鄂尔泰的地位和眷宠均在自己之上,公开上书指参其弟鄂尔奇"坏法营私,紊制扰民",使鄂尔奇被革职查办。雍正十二年,他"疏发诚亲王府护卫库克与安州民争淤地";雍正十三年,他"疏劾总河朽藻贪劣"。所以,雍正对李卫的评价是"嘉许之怀,笔莫能罄……非深悉朕衷,毫不瞻顾,安肯毅然直陈"。

当然,李卫也缺点不少,诸如恃才傲物,在云南做布政使时,与按察使张谦不和,后更与贵州威宁总兵石礼哈互相参奏。李卫对上司不敬,私下里呼云贵总督高其倬为"老高"、云南巡抚杨名时为"老杨"。每次弹劾他人,李卫还将奏章向弹劾之人展示。李卫在浙江为官时,每次出门都要绣衣衮袍、声乐齐鸣,前呼后拥,引得人们争相观看。

"为政之要,全在用人。"古今同此一理。在清初,当时主要与民休息,培植民生元气,因此对于"清廉"的要求无疑居于首位。但当平定三藩、收复台湾,以及初步解决了西北准噶尔问题后,康熙本应及时调整用人政策,不仅要重"守"即操守,也应重"才",但康熙未能如此,其结果康熙后期"清官"遍地,官员只图清廉虚名,不做实事,甚至贪官也扮为"清官",吏治腐败,民生日困。雍正即位后,与李卫谈论用人时,视清官为"木偶",因此雍正的用人"才"重

于"守",也就不拘成规,不论资格,不重科举出身。特别是李卫,非科举正途出身,但能做到封疆大吏,这在整个清代是不多见的。李卫死后,朝廷赐予的谥号是"敏达"。这恰如其分地反映了李卫为官的一生。

(陈劲松)

毫无媚骨的鲁迅

灵台无计逃神矢,风雨如磐暗故园。
寄意寒星荃不察,我以我血荐轩辕。

这是上个世纪初,一个22岁的中国留日学生在"断发照"背面写下的爱国誓言。为了实践这一誓言,他弃医从文,以笔为投枪,"直面淋漓的鲜血",战斗至最后一刻。这个青年,就是后来成为伟大的文学家、思想家的鲁迅。

辛亥革命之后,鲁迅曾先后在北京大学、北京女子师范大学授课。1918年5月,他第一次用"鲁迅"的笔名,发表了中国近代文学史上第一篇白话小说《狂人日记》,对人吃人的封建制度进行猛烈的揭露和抨击。五四运动前后,参加《新青年》杂志工作,站在新文化运动的最前列。1918年到1926年间,陆续创作出版了《呐喊》、《坟》、《热风》、《彷徨》、《野草》、《朝花夕拾》、《华盖集》等专集,表现出浓郁的爱国主义和彻底的民主主义以及强烈的战斗精神。1921年发表的《阿Q正传》,则是中国现代文学史上的一部杰作。鲁迅是怀着怒其不争与哀其不幸的复杂心情来写阿Q的。他怒其服膺不该服膺的兽道文化,哀其被侮辱、被损害,终于被吃掉的悲剧命运。这篇杰作在中国大半个世纪影响深远,而且译成多国文字出版,成为世界名著之一。

　　1927年1月,鲁迅来到了革命形势正蓬勃发展的广州,任中山大学教授,准备和革命文学团体创造社结成一条战线,和反动势力进行斗争。4月,国民党反动派发动了反革命政变,大肆屠杀共产党人和革命群众。鲁迅愤而辞职,于10月来到上海,开始研究马克思主义,和中国共产党人更紧密地团结战斗在一起。1930年起,鲁迅先后参与发起成立中国自由运动大同盟、中国左翼作家联盟等进步组织,把马克思列宁主义和中国文艺革命的实际相结合,团结革命作家,为粉碎国民党政府的文化"围剿"做出了巨大贡献。自己亦从一个革命的民主主义者成长为伟大的共产主义战士。

　　鲁迅这位中国文化革命的主将、旗手,被国民党反动派视为眼中钉、肉中刺,必欲除之而心安。他们对鲁迅软硬兼施,横加迫害,诸如:下通缉令、限制活动范围、查禁他的著作、散布谣言、进行人身攻击、寄子弹、投恐吓信等等,而鲁迅无所畏惧,继续坚持战斗。正如毛泽东所言,"鲁迅的骨头是最硬的,他没有丝毫的奴颜和媚骨。"

　　1932年12月,鲁迅参加了由宋庆龄、蔡元培等发起组织的中国民权保障同盟,并当选为上海分会的执行委员。他同宋庆龄、蔡元培等一起,反对国民党反动政府拘捕无辜的行为,同时展开了种种营救活动。他还秘密会见从苏区来上海的红军将领陈赓,向陈赓了解苏区的情况;三次接待前来避难的著名共产党人瞿秋白,与瞿秋白共同研究和领导"左联"的工作,倡导文艺大众化运动,二人结下了深厚的革命友谊。国民党反动派对鲁迅的这些活动恨得咬

牙切齿,妄图以血腥的暗杀来阻止他,但慑于他在国内和国际上的名望,不敢贸然下手。于是,决定杀个"适当"的人,以达到恐吓的目的。

1933年6月18日,国民党特务暗杀了中国民权保障同盟总干事杨杏佛。听到这一凶讯,鲁迅极为震惊和愤怒,立即赶往出事地点,许久才回来。20日,是杨杏佛入殓的日子。反动特务放出风声,要在这一天暗杀鲁迅和同盟中的其他几位领导者。这可能是一种恫吓,也可能是又一次的血腥屠杀。鲁迅没有丝毫的疑惧,他镇静地穿上出门的衣服,默默地看了看在一旁担心的妻子许广平,缓慢而有力地掏出家门钥匙,无言地放入许广平手中,然后,他拉开门,昂首跨了出去。他做好了不再回来的准备!这次入殓仪式,宋庆龄来了,蔡元培来了,鲁迅来了……在他们的崇高威望和义无反顾的浩然正气面前,国民党特务未敢下手。

1936年5月,鲁迅的肺病又发作了,高烧不退,宋庆龄、茅盾、史沫特莱等都敦促他去莫斯科治病。为了不给反动派以任何造谣的口实,他拒绝了,说:"敌人一天不杀我,我可以拿笔杆子战斗一天。我不怕敌人,敌人怕我。我离开上海去莫斯科,只会使敌人高兴。"他拖着病弱的身躯,为党的文艺界抗日统一战线的形成奔波着,用他的笔同形形色色的敌人战斗着。

1936年10月19日凌晨5时25分,天还是那么黑,那是黎明之前的黑暗,鲁迅这位文化革命的伟人与世长辞。

鲁迅先生走了,但他仍然活在人们的心中。他的精神永在,并将永放光彩,召唤千百万的后继者,踏着他的足迹勇敢前进。

(陈劲松)

一身正气的何香凝

何香凝是我国近现代著名的政治活动家，妇女运动和民主革命的先驱。

早在1905年8月，何香凝就在日本参加了孙中山领导的同盟会，是同盟会的第一位女会员。从此，在坎坷的革命生涯中，她始终追随孙中山，百折不挠地为实现其革命主张而奋斗。

1922年6月16日，陈炯明背叛革命，炮轰孙中山的总统府，并于两日前诱禁了廖仲恺。在这事关革命成败的关键时刻，何香凝置个人安危于度外，带病四处奔走，她迎着不断从身旁飞过的流弹，多次往返孙中山所在的永丰舰，传递革命信息。为了营救她的亲密战友和伴侣廖仲恺，她找到了陈炯明，厉声斥道："我今天来，就没有回去的打算。人死有重于泰山，有轻于鸿毛。对于廖先生，你一定要给我个答复，是杀还是放。"迫于她的义正词严，加之孙中山也已离开广东，陈炯明踌躇再三之后，还是释放了廖仲恺。

1925年8月20日，廖仲恺被国民党右派暗杀，何香凝悲愤难抑，挥毫写下"精神不死"四个大字，贴在家门口，并激昂地表示："苟利于国，则吾举家以殉，亦所不惜。"立志与国民党右派斗争到底。

1926年3月20日，蒋介石制造了中山舰事件，以共产党阴谋暴动为借口，派军警包围苏联顾问办事处及住宅。何香凝闻讯，冲破重重阻挠，找到蒋介石，当面痛斥道："总理死后，尸骨未寒；仲恺

死后,血也未干。你不想想,苏联对我们的帮助有多大?你昨夜那样对待苏联人,太背信弃义了,以怨报德,违背了孙先生的主张,使革命前途衰落,你将何以对孙先生?"在何香凝的大义面前,蒋介石无言以对,不得不下令军警撤回。

1927年,蒋介石发动"四一二"反革命政变后,"清党"也清到了国民党中央妇女部。身为部长的何香凝愤慨不已,她正气凛然,挺身而出,保护了中共在妇女部的一批干部。

1935年7月,国民党华北军分会代理委员长何应钦与日本华北驻屯军司令官梅津美治郎签订了丧权辱国的《何梅协定》。消息传来,何香凝万分愤慨,将自己的一首诗抄在裙子上,托人送给了蒋介石,愤怒鞭挞其对日不抵抗政策。诗云:"枉自称男儿,甘受倭奴气。不战送山河,万世同羞耻。吾侪妇女们,愿赴沙场死。将我巾帼裳,换你征衣去!"

1937年,经各方努力,国民党当局接受了中共提出的停止内战、一致对外的主张,但仍不释放因救国难而被捕入狱的沈钧儒等七位救国会的领导人。何香凝和宋庆龄等掀起了声势浩大的"救国入狱运动",并亲赴苏州,当面质问法院院长及首席检察官:如爱国有罪,则我们亦应共同负责,一同坐牢;如爱国无罪,则应同享自由,将他们立即释放。国民党当局被迫于7月31日宣布七君子无罪,予以释放。

抗战胜利后,何香凝为制止内战,实现和平,做了大量工作。1946年5月4日,她著文愤怒谴责国民党当局,呼吁全国人民起来"监督政府,停止内战,替饿死的同胞向政府算账!"痛斥美国政府帮助蒋介石打内战。在她和宋庆龄、李济深等人的呼吁和影响下,国民党内的民主力量越来越大,并最终在同反动派的殊死搏斗中分化出来,为推翻蒋介石的反动独裁统治、建立新中国作出了贡献。

(陈劲松)

处世翘楚

陈嘉庚毅然与蒋介石决裂

1927年4月南京国民政府成立。正在南洋从事实业的陈嘉庚对这个打着"三民主义"旗号,又已经获得国际上一些重要国家承认的政府,极为拥护,认为这是正统的中国政府,国民应当乐从。自此以后,陈嘉庚坚定支持蒋介石。

1936年,南京政府为了庆祝蒋介石50岁诞辰,请陈嘉庚发动华侨捐款购买飞机祝寿。最初,只希望马来西亚(包括新加坡)的华侨捐10万元购买飞机1架。但是陈嘉庚领导的马来西亚华侨组成的"购机寿蒋会",竟募得国币130多万元,可购飞机10架。虽然当时陈嘉庚的动机是爱国,目的是要加强中国空军的力量,以抵抗日本的侵略,但亦可看出他当时对蒋介石的拥护。

1937年抗战全面爆发,陈嘉庚领导的南洋华侨组织"南洋华侨筹赈祖国难民总会",募捐巨款,支持祖国抗战。仅1938年和1939年两年就募捐国币达1.5亿元,加上1937年和1940年两年的捐款,总数近3亿元。除此以外,陈嘉庚还在南洋主持劝捐购买"救国公债"的工作。1938年,仅在马来西亚就募购公债1500万元,又为宋美龄任主席的重庆"难童保育会"和"寒衣募捐会"募捐500多万元。

1940年,陈嘉庚为了慰劳祖国抗战军民,亲自组织并率领南洋

华侨筹赈会回国慰劳团,对重庆和延安等地进行了实地慰劳考察。

国民党政府对南侨慰劳团的接待工作异常重视,由近30个党政部门,组成了一个庞大的欢迎南洋侨胞回国慰劳团委员会,并拨出8万元专款以供接待之用。这使陈嘉庚非常不安,认为这样铺张浪费,不合时宜;重庆如此,必引起连锁反应,不仅耗费大量钱财,也会造成不良影响。

3月28日,陈嘉庚往重庆励志楼谒见蒋介石,这是两人首次见面。当蒋的座车驶到,传令兵高喊:"蒋委员长到——",所有人立刻肃立,大气也不敢喘。蒋介石和宋美龄姗姗而入,挥手示意大家就座,众员方敢徐徐坐下。回来后,陈嘉庚说蒋像个皇帝。

陈嘉庚在重庆呆了一个多月,耳闻目睹,深感失望:"余到重庆所见,则男长衣马褂,满清制服仍存,女则唇红口丹,旗袍高跟染红指甲,提倡新生活者尚如是,与抗战艰难时际不甚适合耳。"在重庆和成都的所见所闻,使陈嘉庚心情十分沉重,私下曾不胜感慨地说:"那些国民党中央委员,都是身居要职,但都假公行私,贪污舞弊,生活奢华。"他认为国家前途深可忧虑。

不久陈嘉庚一行应毛泽东的邀请到达延安,受到延安各界群众的热烈欢迎。6月1日,陈嘉庚第一次跟毛泽东见面,远远就望见毛泽东在窑洞门口迎候。二人相见,热烈握手,互致问候。进得洞内,只见墙上挂一地图,陈设简单,仅十几只大小高低不一的木椅,及一个旧式乡村民用木桌而已。晚餐时就把一张圆桌放在小方凳上,铺上几张白纸就行了。

在延安陈嘉庚除和毛泽东交谈外,还和朱德、肖劲光等领导人交谈。他还走上街头,深入市场,察看中共及边区政府政策执行情况。他发现路边大小商店绝大多数都是私人开的，与政府官员无关，政府抽税很轻很少。大街上没有长袍马褂、唇红口丹者穿行，也没看见女子缠足者，男女衣着大方整洁，过往行人皆洋溢着昂扬奋发之精神，也没有发现城内有无谓的应酬及奢侈、浮华的交际。

陈嘉庚还从与民众的交谈中了解到，边区农民土地不没收，而且赋税很轻，一亩地最多要七斤半粮，其他捐税一概没有。部队自己种地种菜，既保证军粮供应，又减轻农民负担。边区政治良好，无失业游民，无盗贼乞丐，县长都是民选，对官吏贪污者则予以严惩。

在与毛泽东的多次会见中，一些看似小事但实则折射出了毛泽东的高尚品格，引起了陈嘉庚的注意和惊奇。一次，他和毛泽东正在谈话，一些在延安学习的南洋华侨学生走过来，不敬礼便坐，并参加谈话，绝无拘束，而毛泽东也毫不介意。陈嘉庚在延安还见到了不少南洋华侨学生，并从中得知延安"公务员薪水每月五元，虽毛主席夫人、朱总司令夫人，亦须有职务工作，方可领五元零用，至膳宿衣服疾病儿童教养应酬等，概由政府供给也"。

陈嘉庚回国前曾是坚定的"拥蒋派"，甚至宣称"蒋委员长乃是中国国内外四万万七千万同胞共同拥戴之唯一领袖"。然而通过对重庆和延安的比较观察，陈嘉庚更深切地看到了国民党腐败的严重，他的思想发生了剧变，他认为中国的希望在延安，中国真正的领袖是毛泽东。

抗战胜利后，陈嘉庚积极参加反对蒋介石独裁的爱国民主运动，从此彻底与蒋介石决裂。

（陈劲松）

坚持真理的黄克诚

黄克诚在他一生60多年的革命生涯中,曾经建立了无数丰功伟绩,但也曾多次主要由于坚持实事求是的原则受到错误的批判和处分,然而他无怨无悔,追求真理的信仰从来没有动摇过,坚持实事求是的原则也从未动摇过。

黄克诚最早受到错误批判是在1927年底至1928年初的湘南暴动前后。1927年12月,中共永兴县特别支部盲目执行中共临时中央"左"倾盲动主义,决定组织农民武装暴动。黄克诚认为眼下暴动时机尚不成熟,提出了先做群众工作,积聚革命力量,再根据条件适时举行暴动的正确主张。但当即被与会者指责为胆小怕死,是右倾机会主义,把他排斥出永兴县委,不准参加党的会议。

1930年6月,中共中央发出了集中全国红军攻打中心城市的冒险主义的指令。时任红三军团第二支队政治委员的黄克诚,听了传达之后,回顾湘南暴动以来军事上的几次失利和在白区颠沛流离的经历,深深意识到,离开巩固的根据地,单凭攻打几座大城市求发展,是不可能持久的,而且有可能使红军招致重大损失。基于这种认识,他在红三军团前委、湖南省委、湘鄂赣特委联席会议上,提出取消攻打中心城市的计划,主张目前红军应侧重巩固和发展根据地。黄克诚的意见立即受到与会者的严厉批评,被指责为"十足的右倾机会主义"、"对抗中央路线"等,随后撤消了对他的纵队政治委员的任命。

1931年盛夏,红三军团第三师政治委员黄克诚在第三次反"围剿"的火线上,被调回参加第二次肃反运动。鉴于第一次肃反的沉痛教训,他知道,所谓的"AB团"分子,大都是忠于革命的优秀干部。因此,进行了坚决的抵制,并将肃反委员会要抓的第三师的所谓"AB团"分子送到山上躲起来,打仗时再下山参战,战斗结束再上山躲藏。半个月后,此事终于被肃反委员会察觉,他们大为震怒,将黄克诚抓起来审查,并欲以"同情和包庇反革命,破坏肃反"的罪名处决。幸亏彭德怀闻讯从前线赶回,据理力争,才救了黄克诚一命。但带兵打仗的权力被剥夺了,第三师政治委员的职务也被撤消。

1959年7月,中共中央在江西庐山召开政治局扩大会议。会上彭德怀出于对国民经济比例严重失调和"左"倾错误能否彻底纠正的忧虑,给毛泽东写了一封信。孰料,惹下大祸,毛泽东决定会议延期,着重批判彭德怀。为了加大批判力度,中央将正在北京主持军委日常工作而未出席庐山会议的黄克诚调上山来。黄克诚上山后,看了彭德怀写的信,赞成信中的观点,但也预感到一场暴风雨即将来临。果然第二天一位中央领导同志就来向他交底,要他批判揭发彭德怀。黄克诚没有迟疑,立即表示他是赞同彭德怀的观点的,并毅然决然地在次日大会上慷慨陈词,列举大量事实和数据,对"大跃进"和人民公社运动中的"左"倾错误予以揭露和批评。在大是大非面前,黄克诚又一次经受住了考验! 随后,他就被打成"彭、黄、张(闻天)、周(小舟)反党集团",蒙受冤屈近20年。

中共十一届三中全会后,在总结历史经验时,有人感情用事,一时间,党内和社会上出现了肆意诋毁毛泽东和毛泽东思想的不正常现象。重新复出担任党和军队领导职务的黄克诚挺身而出,以马克思主义的态度,结合自己的亲身经历,对毛泽东和毛泽东思想作出了科学的评价,全面系统地阐发了正确对待毛泽东的意见,

严肃批判了某些人在这个重大原则问题上的轻薄态度和不负责任的做法。

大浪淘沙,历史和实践检验了黄克诚所坚持的实事求是精神和具体意见都是正确的。他从不盲从、不苟同,一切从实际出发,宁愿自己受到错误批判和处分,也不改变初衷,表现了共产党人坚持真理的崇高气节。尤其是在他晚年,不计个人恩怨,从大局出发,维护毛泽东的历史地位和毛泽东思想,诚属难能可贵,表现了高风亮节。他的高尚道德情操,永远为后人怀念。

(陈劲松)

敢于面斥"女皇"的陶铸

1969年11月30日晚10时,合肥西郊的解放军某部医院,一间窗子用木板钉死,并蒙上厚厚窗帘的"秘密病房"里,一个老人躺在板床上,全身因剧烈疼痛而抽搐着。蓦然,他睁开了紧闭的双眼,像一道闪电,光芒逼人,一只手携风雷之势猛然挥出,仿佛要荡涤这世间的一切污浊……砰!白壁上留下了永恒的时代烙印。

然后,他安静下来了!永远安静下来了!他就是曾被毛泽东誉为"党内一头牛"的革命家陶铸,"文革"中,因坚持原则,与林彪、江青反党集团进行了坚决的斗争,最后遭迫害惨死。

1966年6月,经邓小平提名,毛泽东首肯,陶铸临危受命,由中共中央中南局第一书记调任中共中央书记处常务书记、中宣部部长兼文办主任,同时继续担任国务院副总理。此时,由毛泽东亲自主持制定的《五一六通知》已在全国公布,林彪、江青一伙正在利用这个集中代表"左"倾错误的纲领性文件,将它推向极端,意欲搞乱全国。对陶铸到中央任职,客观地讲,林彪、江青一伙最初还是欢迎的,因他与刘少奇、邓小平没有什么渊源,长期以来,他在林彪领导的四野工作,是林彪的老部下。

6月9日,陶铸飞往杭州参加毛泽东主持召开的一个会议,重点是讨论"文化大革命"派不派工作组的问题。会上,中央文革小组组长陈伯达提出不要派工作组;刘少奇、邓小平等大多数同志从实际出发,提出要派工作组。陶铸也发表了意见,他说:"我是主张派工作组的。派驻工作组指导运动,这是我们党几十年的成功经验之一。"最后,毛泽东表了态:"可以派工作组,也可以不派,不要急急忙忙派工作组。"刚到中央的陶铸,在这一问题上,从共产党人实事求是的原则出发,和刘、邓坐到了一起。

8月,中共八届十一中全会召开,改组了中央领导机构,陶铸当选为政治局常委,名列毛泽东、林彪、周恩来之后,成为党内的第四号人物。刘少奇、邓小平虽仍当选为常委,但排名靠后,这就告诉人们,他们已犯了"方向、路线错误",被拉下了马,处于被批判之中。会前,江青私下找陶铸"交底",要他在毛泽东主持的政治局生活会上"打头炮",炮轰刘、邓。江青软硬兼施,极力拉拢,但陶铸拒绝了。他认为,按照党的原则,刘、邓即使有错误,也是认识上的问题,也应该是团结—批评—团结,是人民内部矛盾,况且刘少奇仍是国家主席,邓小平也还是党的总书记。再则,从做人的原则上来说,"我不能落井下石"。结果,他成了会上仅有的两名未发言者之一,另一个是周恩来。陶铸在此后逐步升级的批判刘少奇、邓小平以及王任重的活动中,都采取了适当的保护措施,抵制林彪、江青

一伙对他们的迫害,成了中国最大的"保皇派"。林彪、江青一伙对他彻底"死心"了。

八届十一中全会后,在中央文革小组的支持下,社会哲学科学部吴传启贴出了第一张大字报,锋芒直指所谓"陆定一集团"伸向学部的代理人。江青据此一再要求陶铸去学部,封吴传启为"革命左派",并给予支持。陶铸经过调查,证明吴传启曾是国民党蓝衣社特务、该社机关报《大刚报》主编,国民党员,解放前夕加入中共,属于有重大历史问题而又居心叵测的人。于是,拒绝了江青的无理要求。可江青却不听解释,紧缠不放。一次,中央文革小组开会,身兼中央文革小组顾问的陶铸不得不参加。会上,江青再次要求陶铸支持吴传启,封他为"革命左派",在遭到拒绝后质问陶铸:"历史问题,那有什么了不起!你不也曾是国民党员吗?"陶铸终于忍无可忍了,他如火山一样爆发了:"你知道我是什么时候的国民党员?我是第一次国共合作时期的国民党员,是在国民党军队集体参加国民党的!那时,毛主席也是国民党!周总理也是国民党,还是黄埔军校政治部主任,国民党第一军的党代表!他们都是我的顶头上司,我只是国民党的一个小兵!还想怎么着?你先读读历史去!而吴传启是什么性质的国民党员?他的国民党员能够与我们的国民党员混为一谈吗?"江青最初被吼懵了,脸色煞白。自她当上"第一夫人"后,哪个共产党干部敢在她跟前如此"放肆",她缓过神来,拍着茶几尖着嗓子喊道:"你给我去,到学部去,去支持吴传启,你非去不可!"陶铸把手一挥:"我就不去!你也干涉得太多了,管得太宽了!这是共产党的组织,你什么事都要干涉!"说完,陶铸大步离去,身后是江青的哭叫。他没有朝刘、邓"开头炮",反而向江青"开第一炮"了!这也就注定了他即将面临的悲惨命运。

1967年,"打倒刘邓陶"已是最时髦、最响亮的"革命"口号!伴随陶铸的是无休止的非人的折磨,直至含冤去世。好在,历史是人民书写的。1978年12月,中共中央为陶铸恢复了名誉,作出了全面公正的评价,他无私无畏的高贵品质和坚持真理的革命情操,将永远为人民所怀念、学习。

(陈劲松)

身残志坚的罗瑞卿

1965年12月在上海召开的中共中央政治局常委扩大会议上,林彪、叶群、吴法宪等人对国务院副总理兼总参谋长、国防部副部长、中央军委秘书长罗瑞卿搞突然袭击,指责他"反对突出政治"、"反对林彪"。之后又于1966年3月在北京召开的有军队和公安系统负责干部参加的京西宾馆会议上,诬陷他"反对毛主席"、"反对毛泽东思想"、"篡军反党",并逼迫他承认、作检讨。对大革命失败后就在白色恐怖下追随党50余载,为革命事业建立了丰功伟绩的罗瑞卿来说,如此诬陷真是奇耻大辱,是对他终生追求并为之奋斗的信念的摧残,他决定以死抗争。3月18日,罗瑞卿走上自家的三楼平台,纵身跳了下去。但是,他又一次大难不死。

罗瑞卿摔伤后,立即被送进北京医院,住院达9个月,腿伤未见好转,政治上的境遇却愈来愈艰难了。5月18日,林彪在中央政治局扩大会议上作了耸人听闻的关于政变的讲话后,他和彭真、陆定一、杨尚昆一起,被打为"彭罗陆杨反党集团",他的以死抗争亦

成了"自绝于党自绝于人民"。

1966年12月20日深夜,在林彪、江青一伙的唆使下,一群红卫兵闯进北京医院将罗瑞卿用筐连抬带拖地弄到批斗会场,所过之处留下斑斑血迹。陪斗的有他夫人郝治平以及张爱萍、肖向荣、梁必业等。叶群戴着一个大口罩在台下操纵。批斗会上,有人跑上台来照相,郝治平不愿让他们照,便低下头。这时,她的耳边传来罗瑞卿低沉有力的声音:"抬起头来,让他们照!"郝治平看着罗瑞卿,在他那坚定无畏的目光鼓舞下,昂然挺胸抬起了头。

从这个严冬的夜晚起,罗瑞卿就开始了长达7年的"监护"生活。虽然腿伤经久不愈并恶化,但仍不断地被拉出去批斗或"审讯"。在没完没了的"审讯"中,罗瑞卿同专案组进行了坚决而巧妙的斗争,用铁的事实和犀利的分析,把"审讯者"驳得哑口无言。同时,他也学会了对付那些视他为敌人的看守,对他们的虐待、欺负,他不动怒,泰然处之,以保持精力同林彪、江青一伙作斗争。

1968年夏,经毛泽东亲自批准,罗瑞卿准备入北京三○一医院再次做腿部手术。但阴险毒辣的林彪却授意专案组拖延时日,一直拖到1969年初,致罗瑞卿左小腿被截去了三分之一,随后又被错误地摘除了股骨头。其间他忍受了非人的痛苦。他曾在狱中所写的自传中说:"一切人世间的侮辱我都受过了,受够了!"但仍坚定地表示:"只要我一息尚存,我总要做一个马克思主义、列宁主义、毛泽东思想的拥护者。"

"九一三"事件后,林彪的名字逐渐从报纸上消失了,"监护"内的条件也有所改善。罗瑞卿敏锐地觉察到,林彪出问题了。以前他一直弄不明白,林彪为何往死里整他,现在一切都豁然开朗了。他写下了几十万字的揭发林彪反革命罪行和历史错误的材料。1973年11月,对罗瑞卿的"监护"解除了。12月21日,毛泽东在一次会议上作了自我批评,说他听信林彪的一面之辞,错整了罗瑞卿

等人,要给他们平反。

1975年8月,罗瑞卿被任命为中央军委顾问。在他69岁生日时,他写下了"吾今即令身残老,志在千里岂嗟呀"的诗句。同年11月,毛泽东因反对邓小平系统纠正"文革"中的错误而发动了"批邓、反击右倾翻案风"运动。"四人帮"再次猖狂起来。在中央召开"打招呼会议",传达毛泽东的"反击右倾翻案风"的指示后,当时在福州养病的罗瑞卿对皮定均、廖志高等福州军区、福建省委负责同志说:"要坚持下去,不要动摇。他们(指'四人帮')肯定是短命鬼。"

"四人帮"被粉碎后,在1977年8月召开的中共十一大上,罗瑞卿当选为中央委员,并被任命为中央军委常委、军委秘书长,作为邓小平的主要助手,开始全面整顿军队工作。"老骥伏枥,志在千里",他要为党和人民的事业,发挥他的余热。

(陈劲松)

嫉恶如仇

憎恨坏人、坏事就像憎恨仇人一样就叫做嫉恶如仇。语出汉末孔融。公元196年，曹操迁汉献帝于许昌，征孔融为将作大匠，又随之升为少府。在这期间，孔融积极荐举人才，以期形成匡辅汉室的一批中坚力量。孔融荐举的第一个人物是祢衡。孔融认为祢衡"忠果正直，志怀霜雪，见善若惊，嫉恶如仇，任座抗行，史鱼厉节，殆无以过也"，如果能让这样的人物站立朝堂，则会"增四门之穆穆"。嫉恶如仇从来就是中华文明的重要特质之一，如同儒家的舍生取义，墨家的任侠好义等，一直伴随着中华民族的繁衍发展。

本节所介绍的16位历史名臣，他们用行动写下了什么叫正义！京兆尹赵广汉查到大将军霍光家有非法酿酒、非法屠宰的嫌疑，便亲自带人前往搜查，由此得罪了皇亲国戚。后来，赵广汉又因办案得罪了丞相魏相和司直萧望之，二人遂列举了赵广汉"挟私报复、摧辱大臣、逆节伤化"等一系列罪行，按汉律，赵广汉被处以腰斩。长安的官员、百姓听到赵广汉因犯法而将被处决，十分震惊和悲痛，于是长安城里出现了万人集结为他送行的场面。岳飞蒙冤后，满朝文武多不敢言，而韩世忠却在当天夜里，闯到权相秦桧家里，当面质问秦桧："岳飞到底犯了什么罪？"秦桧含糊其辞道："飞子云与张宪书虽不明，其事体莫须有！"韩世忠气愤地道："'莫须有'三字，何以服天下！"面对10万元大洋，邹韬奋不为所动，很快便在《生活》周刊上公布了交通部长王伯群用贪污款盖豪宅纳小妾的事实,并撰文说:"在做贼心虚而自己丧尽人格时,就以为只需出几个臭钱,便可无人不入其彀中,以为天下都是要钱不要脸的没骨气的人,但是钱的效用亦有时而穷!""四知"太尉杨震,刚肠嫉恶的嵇康,拼死弹劾魏忠贤的杨涟,铁骨御史左光斗,怒斥权臣穆彰阿的王鼎,勉励林则徐禁烟的龚自珍,打响护国战争第一枪的蔡锷,三次直拒袁世凯重金收买的柏文蔚,怒斥孔祥熙的马寅初,拒绝为蒋介石祝寿的于右任,嫉恶如仇的冯玉祥,大智大勇的叶剑英。他们大义凛然的高贵品质,备受后人的尊崇和学习。

称不容口的赵广汉

西汉宣帝年间发生过这样一件事情，一天，长安城里数万名百姓以及官员自发聚集在皇宫前，齐齐跪下，他们有的神情肃穆，有的低声哭泣，有的则抑制不住地大哭……原来，这数万名人是因为听说赵广汉即将被腰斩，前来送别的！赵广汉是何许人也？长安的官民为什么对他的死感到如此悲伤呢？

赵广汉字子都，西汉涿郡蠡吾县（今河北博野县）人，年轻时任过郡吏、州从事等职，以清廉明察、政绩突出而升任守京兆尹。一上任，赵广汉就啃上了一块硬骨头——处理杜建一案。杜建是赵广汉手下的一名中层官员，但资格颇老，根基颇深，为人一向霸道。在汉昭帝还活着的时候，他参加了昭帝陵墓的预建工作。建造昭帝陵是一项较大的工程，需要花费大量的人力物力，杜建认准这是个发财的机会，便指使门客从中非法牟取暴利。赵广汉根据举报掌握了这些事实。他先是警告杜建悬崖勒马，但杜建认为自己关系盘根错节，赵广汉岂敢随便动他，根本不把赵的话放在心里。赵广汉见规劝无效，就将杜建逮捕归案。这下果然是捅了马蜂窝，为杜建说情的人纷至沓来，有宫廷里的太监，有名门豪绅，也不乏官员。杜家的族人和门客更是密谋欲把杜建从牢里救出来。就在他们图谋不轨之时，赵广汉已通过内线掌握了他们的阴谋，他派出一名官吏前去警告打算劫狱的主谋者："如果你们真的想这样干，我将依法将你们灭门！"此话的震慑力巨大，杜家再没人敢动了。赵广汉在证据确凿、事实清楚的情况下,将杜建斩首弃市。京城的百姓交口称赞。

恰在其时,年仅21岁的昭帝患病而死,大将军霍光等尊立18岁的刘询为帝,刘询就是汉宣帝。赵广汉因为推立有功,赐爵关内侯。宣帝登基的第一年(公元前73年),赵广汉被调往难以治理的颍川郡担任太守。赵广汉初到颍川任上,即开始着手调查,发现豪族大姓盘根错节,势力庞大;官员与地方富豪结为朋党,整个社会乌烟瘴气。其中恶名昭著的原氏、褚氏两大家族更是结为姻亲,蓄养门客,横行乡里,胡作非为。赵广汉到颍川的几个月内,经过明察暗访,已搞清了本郡豪门大族的基本情况,擒贼先擒王,他把原氏、褚氏两大家族中作恶的头领抓了起来,并在公布了他们为害一方的罪状后,立即斩首。赵广汉不畏强暴,诛杀原、褚首恶,震惊全郡。在办理原、褚大案的同时,赵广汉也在着手准备解决富豪、官吏拉帮结派的问题。这些人利用自己的影响,互立山头,广养门客,各自形成了一股势力,既互相倾轧,又联手对抗,不但败坏风气,对中央和地方政府政策的实施也造成了极大的阻碍。赵广汉决定采取一些非常措施:他首先叫手下人设置竹筒,类似现在的举报箱,专门接受告发者的信件,从而方便了知情者的检举揭发。在收到告发信以后,一经核实,便依法治罪。同时故意隐去揭发者的姓名,而说成是某某豪门大姓子弟所告发,以便引发他们的内讧。强宗大族的内部果然出现了分裂,并逐渐成为冤家对头,一时奸党散落,社会风气大为好转。

由于赵广汉实施了各种强有力的监督管理措施,社会上各种消息都能很快地传到他的耳朵里,一些不法分子再也不敢顶风作案了。第二年,汉宣帝重新任命赵广汉为守京兆尹,一年后,转为正式京兆尹。

然而京城的长官是不好做的。文武百官、权贵显要、豪门大富

大多聚集在此。赵广汉因能力出众复任京兆尹,却也因为惩腐治恶而被受到惩治的人所怨恨。赵广汉在京城第一个得罪的是霍光家族。霍光为三朝元老,官拜司马大将军,更兼国丈之尊,位高权重,是朝廷最为炙手可热的人物,连汉宣帝都让他三分。

就在霍光死后不久,赵广汉查到霍家有非法酿酒、非法屠宰的嫌疑,便亲自带人前往霍光儿子博陵侯霍禹的宅第进行搜查。赵广汉由此得罪了皇亲国戚。后来,赵广汉又因办案得罪了丞相魏相和司直萧望之,二人遂列举了赵广汉"携私报复、摧辱大臣、逆节伤化"等一系列罪行,按汉律,赵广汉被处以腰斩。长安的官员、百姓听到赵广汉因犯法而将被处决,十分震惊和悲痛,于是长安城里出现了万人集结为他送行的动人场面。《资治通鉴》所记"京兆政清,吏民称不容口",是对赵广汉最准确的评价。

(陈劲松)

屡批皇亲国戚的杨震

杨震,字伯起,东汉华阴人,出身名门,少年时就特别聪明好学,拜经学大师桓郁为师,通晓经传,博览群书。

杨震对教育事业特别热心,年轻时对于地方州郡长官征召他出仕做官的召请任命都置之不理,一心一意自费设塾授徒。杨震在家乡办学30多年,为社会培养了一大批人才。因此,名声很大,远近钦慕,连大将军邓骘都十分敬重杨震的学识、贤名和品行,亲自派人

征召杨震到自己幕府出仕任职。杨震从应征入邓骘幕府起,到被罢免太尉止,出仕20多年,为国为民,恪尽职守,秉公办事,勤政廉洁,成了人们学习的楷模。

杨震为官清廉,他从荆州刺史调到东莱当太守时,因他推荐而当上昌邑县令的王密在一天夜间给他送来一份厚礼,杨震不仅拒绝,而且给予严肃批评。

杨震为官嫉恶如仇,敢于直谏。汉永宁元年(公元120年),他代替刘恺任司徒。第二年,邓太后去世后,皇帝身边的内宠开始横行。汉安帝的乳母王圣,深受安帝信任尊重。王圣便仗此骄横放纵,连她的女儿伯荣也经常出入禁宫,串通贿赂。杨震因此上疏说,当今古人提倡的"九德"还不稳固,就"嬖幸充庭";王圣虽有奉养皇上之功,但赏赐已经过多,而她还不知满足,竟勾结宫外的人扰乱天下。疏中希望安帝"绝婉恋之私,割不忍之心",遣出王圣母女。熟料安帝不仅不听杨震的忠告,还将这份奏疏交给王圣母女看。她们从此对杨震衔恨,更加骄横跋扈。

汉安帝延光二年(公元123年),杨震任太尉。汉安帝舅父大鸿胪耿宝向杨震推荐中常侍李闰的哥哥,杨震拒绝了。耿宝亲自拜访杨震说:"中常侍李公公深受皇上的倚重,有意请您征召其兄做官,我只不过传达皇上的意思罢了。"杨震回答说:"如果皇上有意让太尉、司徒、司空等三府征召官员,应该由宫廷秘书、尚书直接通知。"杨震还是拒绝了,惹得耿宝恼羞成怒,愤然离去。

汉安帝昏庸腐败,竟然为奶妈王圣大肆兴修府第。宦官中常侍樊丰又和侍中周广、谢恽结党营私,动摇国政。杨震面对大汉江山,心如火焚,为了国家的利益,不得不再次上书。杨震在奏章中

说:"古人很注意储粮备荒,所以尧舜时代,虽然发生过特大水灾,但百姓衣食尚安。现在灾害连绵,百姓穷困吃不上饭,边境线上战火未停,军队给养得不到保证,国库空虚,而陛下却要给奶妈造宅第,规模宏大,华丽之极,耗资巨大。周广、谢恽、樊丰等辈分威共权,操纵地方官吏,直至朝廷大臣,他们招徕贪污无赖,收受贿赂,甚至犯罪分子也得到重用,这样的清浊同流、黑白不分的现象,使天下哗然,影响之坏,令人发指!我听说,皇上对天下财物索取殆尽时百姓则会生发抱怨直到反叛,抱怨和反叛的人就不能再好好安抚了。所以说百姓不足,国君怎么能足呢?望皇上三思。"

杨震前后所上奏章婉转诚恳,切中时弊,安帝对此却一点也听不进去,而且产生了厌烦不满情绪,樊丰等人更是侧目而视,恨之入骨。但都因杨震是当时名儒,名声很大而不敢加害于他。不久河间有一名叫赵腾的男子到宫门上书,批评朝政。安帝阅后非常生气,下诏将赵腾收捕入狱,严刑拷问,最后以诬惘皇上的罪名结案。杨震知道后,立即上书营救赵腾,恳请汉安帝减免"已经定下的罪名,保全赵腾的性命,并以此鼓励最下层的广大人民坦率直言,以求广开言路,获取教益"。安帝毫不理睬,仍将赵腾斩首。

汉延光三年杨震终遭诬陷,被逼自杀,停棺荒野。一年后,汉顺帝即位,樊丰、周广等人被处死,杨震获得平反,并举行隆重的葬礼。葬礼这天,远近百姓络绎不绝前来参加,以纪念这位正直无私、嫉恶如仇、敢于直谏的好太尉。

(陈劲松)

处世翘楚

刚肠嫉恶的嵇康

魏晋之际,社会动荡黑暗,政治环境险恶,一批文人名士疏远政权,寄情山水,常聚集竹林之下,肆意酣饮,纵情游乐,世人称为"竹林七贤"。但他们政治思想、品行、才华各不相同,其中嵇康被后人推为"七贤"第一人。

嵇康,字叔夜,是曹魏时期著名的思想家、文学家、音乐家。谯郡铚(今安徽宿州市埇桥区西南)人,生于魏文帝曹丕初黄四年(公元223年)。他禀赋极好,有奇才,博览无不通。他娶魏沛穆王曹林之女为妻,成了曹魏宗室的姻亲,被拜为中散大夫。当时曹魏宗室孱弱昏庸,朝政被司马氏集团把持。司马懿和司马师、司马昭父子随意废立皇帝,大肆诛灭异己,图谋篡夺皇位。嵇康因受老庄思想的影响,以及自小养成的任性不羁的性格,在政治上倾向曹氏反对司马氏集团,但曹氏宗室的昏聩懦弱使他失望,因而远离世事,长期过着崇尚自然、清心寡欲、弹琴咏诗、纵意尘外的隐退生活。

嵇康在"七贤"中,既不同于阮籍的圆通隐忍,又不同于刘伶、阮咸的行为放荡,更不同于山涛、王戎、向秀的高情赋闲而心驰"魏阙"。他寄身山林数十年,生活清贫,谨小慎微,喜怒不形于色,但在政治上表现出"刚肠疾恶,轻肆直言,遇事便发"的个性,表现出与司马氏集团的对立。他著述勤奋,文章"思想新颖,往往与古时旧说反对"(鲁迅语),如他将礼法之士奉为经典的"六经"斥为芜秽;公开为"叛乱顽逆"管叔、蔡叔鸣冤翻案;对当时的官场自私腐

败等丑陋现象进行揭露和鞭挞。甚至,他将笔锋直刺孔子,认为"圣人"也不过是名利场中人。他的诗风格清峻、清逸脱俗,是最突出的特点,也是他人品高于许多魏晋名士的标志。

嵇康鄙薄司马氏把持的官场,不愿与攀附司马氏的权贵名士为伍。一次,司马昭的心腹钟会慕嵇康的才名,乘着肥马,穿着丽服,带着一班随从,拜访嵇康。嵇康不齿钟会的反复无常,也不愿逢迎权贵,对钟会的到来视若不见,在自家门前柳树下打铁如故。当钟会等人离开时,他还揶揄嘲讽,使得钟会怀恨而归。

魏景元二年(公元261年),升了官的山涛举荐嵇康接替自己原任的吏部郎一职,为司马氏效力。嵇康愤然拒绝,写了《与山巨源绝交书》,对山涛进行辛辣的讽刺,并通过表述自己有七个方面不适应官场生活,对司马氏的黑暗统治和腐朽官场作了无情揭露;针对王肃、皇甫谧等人替司马氏篡位制造礼教根据而杜撰汤、武、周、孔的话,公开揭发司马昭的篡逆野心。司马昭知道后,大为震怒。

同年发生了吕安事件,吕安是嵇康的知心朋友,他的哥哥吕巽是司马昭的亲信,与嵇康也曾有交往,但是个衣冠禽兽。他把吕安的妻子灌醉后奸污了她,丑行败露后,反诬吕安不孝,致使吕安被流放到边郡。嵇康曾居中调停此事,得知吕巽阴谋陷害吕安,一气之下便与吕巽绝交,为吕安辩诬。吕安在流放途中写信给嵇康,说了一些招司马昭嫉恨的话,嵇康因此被牵连下狱。消息传出后,3000多名太学生上书请求拜他为师,还有许多豪俊也跟着入狱。但钟会乘机构陷,诬谤嵇康曾打算参加镇东将军毋丘俭造反,被山涛劝阻了,又阴险地说嵇康是一条卧龙,是司马昭夺取曹氏天下的绊脚石,力劝司马昭杀嵇康。于是嵇康被押上东市。临刑时,他神色不变,顾视日影,索琴而弹,奏罢名曲《广陵散》,仰天长叹一声:"广陵散于今绝矣!"从容就刑。

一代名士嵇康虽然过早地结束了他年轻的生命,但他的道德文章不仅受到当时人的尊崇,也受到后人的景仰。

(汪泗淇)

为岳飞鸣冤的韩世忠

韩世忠是南宋"中兴四大名将"之一,出身贫寒,自幼父母、兄弟姊妹早亡,沦为孤儿。18岁时,韩世忠开始了他的戎马生涯。

在《水浒传》中,有个老幼皆知的"武松独臂擒方腊"故事。其实,真正生擒方腊是韩世忠。北宋宣和二年(公元1120年),方腊造反,江浙震动。北宋朝廷调兵遣将,韩世忠以偏将身份,随从王渊讨伐方腊。军队刚到杭州时,方腊声势十分浩大,主将王渊乱了分寸,惶怖无策。韩世忠却自作主张,带领2000士兵,在北关堰打了个伏击战,方腊的军队措手不及,被打得溃败而逃。王渊自愧不如,叹道:"世忠真万人敌也!"将自己随身携带的金银都赏给他,并结为知交。韩世忠再率兵穷追至睦州清溪峒,潜行溪谷,直捣方腊的老窝,"格杀数十人,擒腊以出"。

南宋建炎三年(公元1129年)赵构侍将苗傅、刘正彦叛变,杀王渊,逼赵构退位,是为"苗刘之乱"。苗、刘二人扣留了韩世忠夫人梁红玉和儿子韩亮,作为人质,企图逼韩世忠就范。宰相朱胜非故意对苗、刘道:"两位将军,何不请太后下诏,命梁红玉去招抚韩世忠?韩世忠归顺后,你们岂不是少了一个劲敌?"苗、刘听了,高

兴得合不拢嘴,马上接受了这条"妙计",促使太后封梁红玉为"安国夫人",命她快去招抚韩世忠。梁红玉一路急驰,一日一夜之后,赶到了韩世忠驻地。韩世忠本来还在为妻子焦心烦躁,见梁红玉平安无事,大喜过望,立刻烧了苗、刘二人以皇帝名义发出的诏书,斩了来使,催兵前行讨逆。部队开进杭州,韩世忠"瞋目大呼,挺刃突前",打得苗、刘军队大败。苗、刘二人见势不妙,从金门逃遁而去。囚禁中的皇帝赵构听得动静,偷偷走到宫门口张望,见韩世忠身先士卒,第一个驰马驶入皇宫。赵构竟热泪盈眶,一把握住他的手,痛哭流涕,然后一边身如抖筛,一边胆战心惊地道:"有个叫吴湛的叛徒,这几天一直欺负朕!他现在还在宫里,将军能为朕诛灭他吗?"韩世忠点头称是,前去见吴湛,乘与他握手之际,突然用劲,一下折断吴湛中指,轻易将他戮杀。而逃出杭州的苗、刘二人,后来也被韩世忠擒获磔死。赵构感激韩世忠的"救命之恩",亲自手书"忠勇"二字,揭旗以赐,授他检校少保、武胜昭庆军节度使,再加封梁红玉为护国夫人。

建炎三年冬,金兀术统兵10万渡江,宋高宗赵构心惊胆战,在部分大臣的劝说下,准备放弃临安,迁都长沙。韩世忠听说后,凛然反对,怒道:"国家已失河北、山东,若又弃江淮,更有何地?淮、浙富饶,今根本地,岂可舍之?"于是,韩世忠率水师8000乘海船从海口(今上海)进趋镇江,截击金军归路。当两军接触后,韩世忠夫人梁红玉亲自擂鼓助威,宋军士气大振,险些活捉金兀术,使金兵终不得渡。这便是著名的"梁红玉擂鼓战金山"的故事。次年辗转战到黄天荡(在今江苏南京附近),与金兵周旋48天,使金兀术欲胜不能,欲退无路,隔江乞求韩世忠放他一条生路,声色沮丧,"祈请甚哀"。韩世忠昂然酬答,一边与将士谈笑纵酒,一边大声道:"还我两宫,复我疆土,则可以相全。"金兀术顿时语塞,又不甘心,数天后再来相求。韩世忠听得话不投机,一时火起,"引弓欲射之"。金兀术惊惶逃去，对身边大将哀叹："南军使船欲如使马，奈何？"后来，金兀术手下的一个汉人献计，星夜偷凿水渠三十余里，金兵才得以狼狈脱逃。是役，韩世忠名声大振，鼓舞了南宋军民士气。

经过宋朝军民几年的艰苦战斗，金军主力和伪齐军队都受到了很大的削弱，战争形势开始朝有利于南宋的方面发展。南宋绍兴七年（公元1137年）金人废掉伪齐政权，表示愿将伪齐旧地划给南宋，但要南宋称臣纳贡，中原震动。韩世忠认为机不可失，请求"全师北讨，招纳归附，为恢复计"。但是，赵构被金人吓破了胆，支持秦桧诸人，只想一门心思"议和"，强命韩世忠徙屯镇江。韩世忠十分愤慨，反复上诏反对，还是无效。后来，他听说金国使者路过，就在洪泽镇埋下伏兵，想杀掉金使，却没有成功。

尽管有岳飞、韩世忠等将领的反对，"宋金和议"还是达成了。不仅如此，翅膀硬起来的赵构开始收编军队，狠心收拾当年他无比依赖的将士们。"宋金和约"刚签订一个月，秦桧就在赵构的暗中支持下，以"谋反"之名，将抗金名将岳飞诱捕入狱。

岳飞蒙冤，满朝文武多不敢言，而韩世忠却在当天夜里，闯到秦桧家里，当面质问秦桧："秦相，岳飞到底犯了什么罪？"秦桧躲躲闪闪、含糊其辞道："飞子云与张宪书虽不明，其事体莫须有！"韩世忠气愤地道："'莫须有'三字，何以服天下！"有人替他担心，劝他不要与秦桧作对，他回答说："畏祸苟同，他日有何面目见先帝于地下。"

绍兴十一年，岳飞被害身亡；很快，韩世忠也被解除了兵权。这件事彻底打击了韩世忠，使他对前途灰心绝望，从此，"杜门谢客，绝口不言兵"，常常跨一小驴，携一壶酒，带领一二小童，"纵游西湖以自乐"。绍兴二十一年，韩世忠病逝，与夫人梁红玉合葬于苏州灵岩山下。

（陈劲松）

杨涟拼死弹劾魏忠贤

★★★★★★

明天启年间（公元 1621～1627 年），宦官魏忠贤专权乱政，肆意为虐。东林党人杨涟为挽救混乱的政局，置生死于不顾，力战"阉逆"，最后被惨杀，谱写了一曲撼人心魄的正义之歌。

杨涟，字文孺，明万历年间进士，初授常熟知县。因"举廉吏第一"，升任户科给事中，不久又改任兵科给事中。万历四十八年（公元 1620 年），神宗病危，杨涟识破郑贵妃欲实行后宫干政的阴谋，力促太子朱常洛（即光宗）入宫侍膳，以防郑贵妃假传圣旨，惑乱朝政。神宗死后光宗即位仅 4 天，便一病不起，越治越重，杨涟上疏指责宦官崔文昇受郑贵妃唆使，"用药无状"，致使光宗病情加重。上疏言语犀利，充满火药味。疏上三日，无动静。忽宫中传话，明日皇上召见大臣，并特宣杨涟和锦衣卫官校上殿。众人心里明白，锦衣卫官校上殿，是专用来执行"廷杖"的，便劝杨涟赶紧向光宗请罪，杨涟大声说："死即死耳，涟何罪？"次日上朝，大殿上静得令人发怵，光宗盯着杨涟看了许久，最后叹了口气，指着他对群臣说："此真忠君也！"随即下旨驱逐崔文昇，命杨涟为顾命大臣。

没几天，光宗病死，杨涟力排光宗宠妃李选侍的干扰，拥立朱由校即位，即熹宗。从光宗死到熹宗立，前后不过 6 日，而杨涟呕心沥血，"须发尽白"。熹宗数次赞他忠诚，拜他为左佥都御史，旋

升副都御史。

谁知杨涟等东林党人舍命拥立的朱由校,却是个庸懦无能、奢靡荒淫的昏君。大太监魏忠贤与熹宗的乳母容氏趁机勾结,把持朝政,拉拢群奸,结成"阉党",恣意妄为。杨涟目睹朝政混乱无序,奸佞肆虐,万分悲愤,决定舍身讨伐"阉逆"魏忠贤。天启四年(公元1624年)六月,杨涟上疏弹劾魏忠贤,列其24条不赦之罪,揭露他迫害先帝旧臣、干预朝政、逼死后宫贤妃、操纵东厂滥杀无辜、罗织狱案的狰狞面目,"致掖廷之中,但知有忠贤,不知有陛下;都城之内,亦但知有忠贤,不知有陛下",恳请熹宗"大奋雷霆,集文武勋戚,敕刑部严讯,以正国法"。该疏如万钧雷霆,字字句句击中魏忠贤要害,魏忠贤甚是恐惧,拉上容氏跑到熹宗面前诉冤,要求熹宗为他做主,还他清白。忠奸不分的明熹宗,反而温言抚慰他,降旨严斥杨涟。

自此,魏阉对杨涟恨之入骨,处心积虑地寻机报复。天启四年十月,他假传圣旨,指责杨涟"恣肆欺瞒,大不敬,无人臣之礼",将杨涟革职为民。就这样,魏忠贤犹不解恨,必欲置杨涟于死地而后快。又于天启五年指使阉党大理丞徐大化上疏弹劾杨涟、左光斗等东林党人"党同伐异,招权纳贿",复兴"汪文言之狱",要汪文言诬告杨涟曾受辽东经略熊廷弼贿赂,所以替赴辽东作战失利的熊廷弼辩护。但汪文言铮铮铁骨,任阉党锦衣卫北镇抚司指挥许显纯百般利诱、严刑拷打,就是不肯诬告"清廉之士"杨涟。许显纯为了向主子交差,只好亲自出马,捏造供词"涟赃二万"。魏忠贤遂再次矫旨,将已是平民的杨涟逮捕入狱。消息传出,囚车所经之处百姓夹道哭送,所经村市"焚香建醮,祈祐涟生还"。

天启五年六月,杨涟被押锦衣卫镇抚司诏狱审讯,许显纯酷刑严逼,将杨涟折磨得体无完肤,奄奄一息。奈何杨涟没有丝毫的屈服,反利用写供词的纸笔,写下《绝笔》,痛斥魏阉涉政揽权,紊乱朝

纲。魏阉胆战心惊,气急败坏,下令秘密处死杨涟。

七月,杨涟被处死狱中。死前,咬破手指,写下血书一封,曰:"吾以性命归之朝廷,不图妻子一环泣耳!"

好在历史是公正的。明崇祯初年,杨涟一案平反,朝廷追赠太子太保、兵部尚书衔,谥号"忠烈"。而魏忠贤则落得了被贬自缢、遗臭万年的可耻下场。

(陈劲松)

铁骨御史左光斗

左光斗是明末著名的民族英雄史可法的老师,一位具有铮铮铁骨的御史。他一生刚直不阿,关心百姓疾苦,爱护人才,举贤荐能,敢于同权贵作斗争,备受后人敬仰。在今桐城市桐城中学的东南隅,有一座左忠毅公祠,就是人们为纪念他而建的专祠。

左光斗是安徽桐城人。明万历三十五年(公元1607年)中进士,先后任中书舍人、御史、左佥都御史。在当时的官员中,左光斗和御史杨涟以清廉敢言而闻名,权贵皆凛凛畏之。

明万历四十七年,由于神宗皇帝数十年疏理朝政,清兵入侵边界,身为御史的左光斗连上三次奏折,对神宗皇帝犯颜直谏:"皇上御朝则天下安,不御朝则天下危。"同年,左光斗巡视京城,发现社会上的不法之徒与吏部一些官员相勾结,私刻假官印,私自任命官职,横行霸道,鱼肉百姓。左光斗异常气愤,经上疏批准搜查吏部,

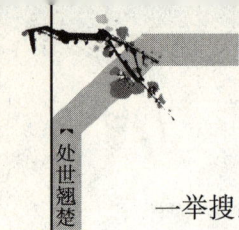

一举搜出伪官印七十余枚,拘捕假官一百多人,京城为之震动。

明万历四十八年光宗朱常洛继位后,不久即病重卧床,召侍寝宫女李选侍入居乾清宫(正宫)服侍。李选侍野心勃勃,乘机乞求光宗皇帝封她为皇后,光宗没同意。光宗死后,李选侍赖在乾清宫不走,假传先皇遗命"母天下",声言要"垂帘决事",并勾结宦官魏忠贤等人,挟持尚年幼的太子朱由校,迫令群臣尊自己为皇太后,企图执掌朝纲。左光斗极力反对,上书太子:"且闻李氏侍先皇无鸡鸣脱簪之德(主动自责以劝丈夫勤勉的美德),待殿下又无抚摩养育之功,此岂可托圣躬?"李选侍见到左光斗的上疏,十分恼怒,数次派人宣召左光斗入宫欲加以指责,左光斗毫不退让:"我,天子法官也,非天子召不赴!"朝中一批正直的官员也大力支持左光斗。李选侍万般无奈,只得搬出乾清宫,移到仁寿宫(宫女养老处)居住。这就是历史上著名的"移宫案"。

明熹宗朱由校即位不久,宦官魏忠贤勾结熹宗的乳母客氏,网罗党羽,权倾朝野,东厂特务横行天下,顺我者昌,逆我者亡。但左光斗不畏权势,明知得罪魏忠贤会有祸难,但仍上疏弹劾其32条该斩之罪。魏忠贤恨极左光斗,先是假传圣旨将左光斗削职为民,继而又诬蔑他收受杨镐和熊廷弼的贿赂将他逮捕,押解进京。当时"父老子弟拥马首号哭,声振原野",场景十分悲壮,连押解的官兵也不由地暗自落泪。慑于左光斗的名声太大,魏忠贤不敢公开杀害,而是命爪牙诬陷左光斗受贿白银2万两,将左光斗残害致死于狱中,终年仅51岁。

左光斗下狱后,他最得意的弟子史可法听说老师在狱中惨遭酷刑,生命危在旦夕,便冒着危险,用重金买通狱卒,扮成家奴进入狱中。只见恩师倚墙躺在地上,面额焦烂不可认,左腿已被打断,便抱着老师的残腿痛哭。左光斗满脸是伤,眼睛已不能睁,听声音知道是史可法,他举起手,用尽力气拨开眼皮,愤怒的眼光像要喷

出火来,骂着说:"蠢才!这是什么地方,你还来干什么!国家的事糟到这步田地。我已经完了,你还不顾死活地跑进来,万一被他们发现,将来的事靠谁干?"史可法还是抽泣着没完。左光斗狠狠地说:"再不走,我现在就干脆收拾了你,省得奸人动手。"说着,他举起戴着镣铐的双手,做出要砸过来的样子。史可法吓得不敢吱声,泪流满面而去。左光斗惨死后,史可法常流着泪对人说:"吾师肺肝,皆铁石所铸造也。"史可法后来在佐理军政、特别是抵御清兵入侵中,屡建功勋。他说,我怕上负朝廷的重托,下则愧对恩师的期望。后来,史可法在指挥抗击清军的扬州保卫战中壮烈牺牲,以身殉国。

左光斗遇害后两年,崇祯帝朱由检即位,魏忠贤被处以死刑,左光斗的冤案得以昭雪。

(陈劲松)

王鼎怒斥穆彰阿

清代末年,封建王朝腐败无能,外敌频繁入侵,国势危殆。但刚正耿介之士却不乏其人,只是大厦将倾,独木难支。道光年间的军机大臣王鼎就是这样一位难得的人士,表现出少有的铮铮硬骨。

鸦片战争时期,穆彰阿是鸦片弛禁派的领袖,他在朝廷带头诬陷林则徐禁烟措施不当,引来英人入侵,促使道光帝将林则徐等革职,遣戍伊犁。穆彰阿被有正义感的大臣斥为"用阴柔之手段","妨贤病国"的"奸佞"。但他在当时是炙手可热、显赫一时的人物,不仅位极人臣,而且门生、故吏满天下,形成了在朝中能左右政局的"穆党"。因而虽"举皆恶之",但大多数人是敢怒而不敢言。

道光二十一年（公元1841年），黄河泛滥成灾。道光帝派王鼎去河南救灾治水。王鼎竭力推荐林则徐，让林则徐戴罪去河南治水。道光帝也知道林则徐曾多次在治水救灾中，公正廉洁，治理有方，

遂降旨允准林则徐去开封，协助王鼎办理河务。林则徐在去伊犁的途中，又折回河南开封。次年，林则徐和王鼎在河南治水竣工，王鼎受到道光帝的嘉奖，回京晋见时，他竭力褒扬林则徐在治水中的功劳。然而，穆彰阿深怕道光帝重新起用林则徐，于是竭力上奏："只有将林则徐遣戍伊犁，消除英人疑虑，方能成就和议。"道光帝遂下谕旨将林则徐仍遣戍伊犁。林则徐起程赴伊犁。

王鼎与穆彰阿同任军机大臣，素来厌恶穆的虚伪，更鄙视他诬陷林则徐等人的丑恶行径。在朝中，王鼎每次遇到穆彰阿，都要当面厉声加以斥责，而穆因做贼心虚，总是"强为笑容，避之"。然而，在穆彰阿再次上疏加害林则徐时，王鼎怒发冲冠，不顾一切，闯进了穆宅，质问穆彰阿。穆彰阿半躺在卧榻上，慢条斯理地说："鼎翁，我劝你还是少管闲事为好，你一直袒护林则徐，罪过已经不轻了。我看你年过古稀，又是多年同事，不忍深究，你反而口出恶言，中伤于我。我劝你自爱，别逼我认真起来，林则徐的下场，就是你的前车之鉴！"王鼎听了，气得浑身发抖，破口大骂道："好你个丧天良的卖国奸臣！皇上待你恩重如山，委你以大任，你却祸国殃民，一味欺君弄权。琦善与奕山等丧权辱国，罪恶昭彰，你却信口雌黄，以罪为功。林则徐禁烟有效，抗英有功，万民称颂，有口皆碑，你却百般陷害，颠倒是非，以功为罪。试问你的良心何在？我不怕你的恫吓。你若不痛改前非，忠君报国，确保忠良，我会奏明皇上，

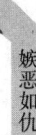

揭你的画皮于光天化日之下！使你遗臭万年！"说完气愤地一甩袖子，气冲冲地走了。

有一次，二人同时被道光帝召见。王鼎当着皇帝的面，义正辞严地诘问彰穆阿："林则徐是个贤臣，你为什么一定要把他遣戍新疆？你简直是宋朝的秦桧，明朝的严嵩，天下的事都败在你的手里！"对王鼎的责问，彰穆阿却厚着脸皮"默然不与辩"。而这时不辨奸佞的道光帝旻宁反笑视王鼎说："卿醉矣！"命内侍扶他出去。翌日上朝，王鼎在道光帝面前仍仗义执言，为林则徐申诉，惹得道光帝大怒，起身拂袖而去。

王鼎在悲愤之余，仍在期望道光帝能有所觉悟。"归而欲仿史鱼（春秋时贤人）尸谏之意，是夕，自缢死。"临死前留下遗疏，仍极言弹劾彰穆阿之奸，剖辩林则徐的贤能与无辜。道光帝虽然对王鼎之死加以优恤，但并未采纳他的谏疏。

王鼎的严斥和死谏虽说对彰穆阿毫发无损，但他直道而行，令人感奋，发人深思。正是他那种因追求公理而带来人生不幸，衬出了他伟大的人格和崇高的道德，令世人景仰不已。

（薛正人）

勉励林则徐禁烟的龚自珍

★★★★★★★

中国近代史上有三个重要人物：林则徐、龚自珍和魏源，他们既是朋友，又都是当时在社会上大声疾呼，锐意进取，要求改革自强的风云人物，他们的思想、著述和功业对当时和后世都产生了巨大的影响。

龚自珍反对脱离实际的繁琐考证和空谈心性的宋明理学，而主张经世致用。他对封建统治集团的腐朽和各种弊政非常不满，大声疾呼必须"更法"、"改图"、"变功令"，提出一系列改革主张。他认为"一祖之法无不变，千夫之议无不靡"，"自古及今，法无不改"，呼吁清政府自上而下地进行改革，以开创一个新的社会局面。

当时，"举国方沉酣太平"，而龚自珍却已预感到西北边境的外来威胁，关心国家的安危兴亡。早在鸦片战争爆发前，龚自珍就致力于边疆历史地理的研究，向清政府建议进行西北边疆的开发与建设。嘉庆二十五年（公元1820年），他写了《西域置行省议》，建议在新疆建省，以加强西北边疆的经营与管理，认为政府应组织移民开垦，奖励生产，并加强军事设防。但未被采纳。他早就注意到沙俄在我国北方的侵略行径，写了《最录平定罗刹方略》，简叙"俄罗斯以顺治时扰黑龙江，踞雅克萨、尼布楚二城"的历史事实，提醒人们警惕它向我国进一步侵略的野心。

龚自珍热烈支持严禁鸦片的主张。他深刻地感受到鸦片给中国社会带来的深重灾难，因而对英国等国向中国强行输入这种毒品的罪恶活动极为痛恨。清道光十八年（公元1839年）一月八日，当林则徐被任命为钦差大臣由北京前往广州查禁鸦片时，龚自珍特去送行。林则徐在京期间，龚自珍曾去拜访他，并写了一篇《送钦差大臣侯官林公序》，表达了对这个关系到国家和人民根本利益大事的严重关切。在这封赠别信中，他从政治、经济和军事等方面为禁烟筹划了一套完整的方案，提出一系列积极建议。他痛感鸦片的大量输入对中国所造成的严重危害，指出吸鸦片是"食妖"，它不仅使大量白银"漏于海"，而且使吸食者"病魂魄，逆昼夜"，残害

人们的身心健康,因而主张必须坚决禁烟,对"贩者、造者"和吸食者都应处以死刑。他预计到坚决禁烟,必然会引起英国侵略者和"奸民"的破坏和捣乱,认为对这些人不能手软,必须"取不逞夷人及奸民就地正典刑",并建议林则徐要加强防御,"多带巧匠"、"修整军器"、"宜以重兵自随",做好反侵略的战备工作。他还提醒林则徐,反对和阻挠禁烟的人,在粤省官吏、商贾、绅士中都会有,一有发现,"宜杀一儆百",千万不可"为若辈所动,游移万一"。他希望林则徐把禁烟斗争进行到底,并以2年为期,期待林则徐在完成使命后能够出现一个全国18行省"银价平,物力实,人心定"的大好局面。

龚自珍还打算追随林则徐南下,到广州直接投身于禁烟运动。由于考虑到禁烟斗争的复杂情况,林则徐通过友人婉言劝阻了龚自珍的广东之行。林则徐对龚自珍的爱国热忱和真诚勉励十分感动。他在途中回信热烈赞扬龚自珍"责难陈义之高,非谋识宏远者不能言,而非关注深切者,不肯言也",表示他自己定要毫不妥协地与外国侵略者斗争到底。

林则徐在广东的禁烟运动虽然取得很大的成果,但内有投降派随时准备破坏,外有侵略者蓄意挑起战争,因此龚自珍深感忧虑,写了《己亥杂诗·故人横海拜将军》的七绝诗篇,表现了忧国忧民的深沉情感。他在辞官南归前后八九个月期间,所作七绝共315首,题为《己亥杂诗》,其中有旅途生活见闻的叙写,有对往事的回忆和对师友的怀念等,都表达了他对西方殖民主义侵略和对清朝腐朽统治的谴责,以及要求变法革新的愿望,对后世产生了很大的影响。这些诗中就包含那首脍炙人口的著名诗篇《己亥杂诗·九州生气恃风雷》,诗中反映了他迫切盼望着涤荡旧社会污泥浊水的"风雷"早日到来,盼望着早日涌现一批奋发有为的人才,实行一场大改革,以冲破"万马齐喑"死气沉沉的局面。

鸦片战争爆发后,龚自珍义愤填膺,坚决主张抗战。直到去世前不久,他还写信给驻防在上海的江苏巡抚梁章钜表示要辞去教职前往上海去共商抗英大计。

龚自珍的改革主张和爱国主义思想对清末思想界的启蒙运动和近代资产阶级维新思潮的出现,起到了积极的作用。梁启超曾就其切身感受评论道:"晚清思想之解放,自珍确与有功焉。光绪间所谓新学家者,大率人人皆经过崇拜龚氏之一时期。"

(陈劲松)

"为四万万人争人格"的蔡锷

护国英雄蔡锷出生于湖南邵阳一个贫寒的裁缝家庭,从小聪明过人。6岁读书,13岁即考中秀才,一方传为佳话。15岁考入长沙时务学堂,学堂的中文总教习,就是年方24岁、才华横溢的梁启超,二人建立起深厚的师生情谊。

此时的中国,山河破碎,国力孱弱,帝国主义虎视鹰瞵,民族危机空前严重。蔡锷像当时许多热血青年一样,怀着急迫的心情,寻求救国救民的道路。他在一首诗中写道:"流血救民吾辈事,千秋肝胆自轮囷",倾吐了满腔的爱国抱负。

1899年7月,蔡锷东渡日本,入陆军成城学校学习,从此开始"军事救国"的生涯。1902年11月,蔡锷又考入东京陆军士官学校。他思想活跃,成绩突出,与同学蒋方震、张孝准,同被称为"中

国士官三杰"。1904年10月学成回国后,蔡锷先后在江西、湖南、广西、云南担任军职,备受各方政要器重。1911年7月,云贵总督李经羲奏准朝廷任命蔡锷为新军第十九镇第三十七协协统(旅长)。这是一个非常及时的任命:10月10日,辛亥武昌首义爆发。10月30日夜,蔡锷、唐继尧领导新军发动昆明重九起义。次日,昆明光复,蔡锷众望所归,被推举为云南都督。时年29岁。

1913年10月,蔡锷被袁世凯调到北京,任全国经界局督办。最初,蔡锷对袁世凯抱有幻想,认为他"宏才伟略,群望所归",试图帮助他建立一个强有力的中央政府,厉行统一和建设,反对孙中山动辄兴兵,并主张军人的"不党主义"。但是,1915年5月7日,袁世凯与日本秘密签订卖国的"二十一条",深深刺痛了蔡锷,使他看清了袁世凯的反动面目。8月,在袁世凯的授意下,北京出现了"筹安会",公然为复辟帝制制造舆论。接着,各类"联合会"、"请愿团"也纷纷粉墨登场,为帝制唱赞歌。

袁世凯复辟帝制的活动,使蔡锷气愤已极。当时,袁世凯对蔡锷一方面严加防范,一方面多方羁縻。他对左右亲信说:"此人之精悍,远在黄兴及诸民党之上,即宋教仁或亦非所能匹"。于是,蔡锷表面上装出不关心政治的样子,常去北京八大胡同,与名妓小凤仙厮混,以蒙蔽袁世凯,暗中却多次潜赴天津,与老师梁启超密商起义,决心以武力"为四万万人争人格"。他们计划在蔡锷势力比较雄厚的云南率先行动,一旦袁世凯称帝,就宣布独立。"贵州则越一月后响应,广西则越两月后响应,然后以云贵之力下四川,以广西之力下广东,约三四个月后可以会师湖北,底定中原。"

12月12日,袁世凯接受帝位。蔡锷在小凤仙的掩护下,摆脱监视,绕道台湾、香港、越南,于19日抵达昆明,与云南督军唐继尧等组织反袁。25日,蔡锷、唐继尧等宣布云南独立,组织护国军,武装讨袁,打响了讨袁第一枪。蔡锷任护国军第一军总司令,率军出征四川。蔡锷的护国军出师，对袁世凯震动很大，在国务会议上，他竟然语无伦次地抱怨说："云南自称政府，照会英法领事，脱离中央。此事（帝制）余本不主张，尔等逼余为之。"众人默然无语。

1916年，做了83天皇帝的袁世凯，人心丧尽，内外交困，于6月6日一命呜呼。次日，黎元洪就任大总统。中华民国国体得以保持，护国战争胜利。中央政府任命蔡锷为四川督军兼省长。

而这时的蔡锷已经病得很重，朱德曾这样回忆他与蔡锷在反袁护国战争中的见面，当蔡锷起身向他们走来的时候，"我大吃一惊，说不出话来。他瘦得像鬼，两颊下陷，整个脸上只有两眼闪闪发光，肺结核正威胁着他的生命。那时他的声音已经很微弱，我们必须很留心才能听得清。当他向我走来的时候，我低头流泪，一句话也说不出来。他虽然命在旦夕，思想却一如既往，锋利得像把宝剑。我们坐下来，他说明了全国各地起义的计划，并且说云南必须挑起重担，等待其他各省共和派力量组织起来。"

1916年8月9日，蔡锷离开成都沿江东下，东渡日本入九州帝国大学医学部治疗。11月8日，再造共和的一代功臣蔡锷在日本病逝。时年34岁！

（陈劲松）

柏文蔚三拒袁世凯

安徽寿县人柏文蔚，早年即追求民主治国之道，先与赵声等组织强国会，又与陈独秀等成立岳王会，后加入同盟会，是孙中山先生的得力助手和重要军事将领。

1911年10月12日，报载武昌起义消息。第二天柏文蔚连收

三封急电,均促其南下。他到上海后,革命党决定黄兴为武昌起义总指挥,柏文蔚为南京起义总指挥。柏文蔚为光复南京立下大功,荣任革命军第一军军长。清帝下诏逊位后,袁世凯主政议和。第一次南北议和破裂后,革命军参谋本部命令柏文蔚统一指挥北伐各军沿津浦路北进,收蚌埠,破固镇,打下徐州。袁世凯遂又通电言和,柏文蔚此次指挥的北伐才告一段落。南北议和达成后,柏文蔚奉命协助皖督孙毓筠统一安徽政局。柏即驰电庐州军政分府孙万乘、芜湖军政分府吴振黄、大通军政分府黎宗岳,劝他们维护大局,早日取消军政分府。孙、吴先后依电宣布取消,唯黎宗岳置之不理。1912年3月,柏文蔚奉命统水陆各军,武力解决黎宗岳浔军,黎宗岳夜逃武汉,安徽军政归于统一。4月下旬,柏文蔚接任安徽都督兼民政长。

柏文蔚在督皖期间,制定和颁布了一系列法令、政策,推进资产阶级民主政治,在发展教育、实业、交通等方面,做出了很大努力。他严令查封鸦片烟馆,严惩毒贩,警方侦知英商太古公司的一艘轮船上装有大量鸦片,柏文蔚即令将鸦片全部查封,在都督府门前"和盐焚销"。英国驻上海总领事率兵舰两艘驰皖威胁,要求赔偿损失。柏文蔚督师严阵以待,并予以严词驳斥,迫使英舰退走。10月,孙中山巡视长江中下游各省途中,于安庆登岸向军民发表演说,称赞柏文蔚及安徽人民禁烟的正义行动。

袁世凯就任临时大总统后,特别想拉拢收买有军事实力又有治国安邦才能的柏文蔚。早在柏文蔚任革命军第一军军长时,奉袁世凯之命的章聿骏就来到柏文蔚的司令部,对柏文蔚说:"大总统对您的军事才能十分钦佩,希望您直属于大总统。请您将军队花名册交给总统,并亲自与总统洽谈。从此,贵军可不再理会参谋部、陆军部了。"说罢,拿出一张一百万银元的支票递给柏文蔚,说:"这是大总统赠送给您的亲老养膳之费。"袁世凯收买一个督军一般二三十万元就足够了,对柏文蔚却一出手就是一张一百万元的交通银行支票,由此可见,柏文蔚在他心目中的分量。但柏文蔚婉言拒绝了。

1912年4月柏文蔚就任安徽都督后,袁世凯仍常派亲信赴皖游说、拉拢柏文蔚。一次,他派亲信郑汝成到安徽,对柏说:"总统很看重你的文才武德,想收你作门生,这样你和大总统的关系就非同一般了,你办任何事都会方便无比。总统说你是他的东南柱石,十分想你去北京相谈。"柏文蔚听后借故推脱说,现在军事繁忙,社会不稳,等一切稳定了,我再去北京向总统拜谢,递门生帖子。于是让郑汝成碰了个软钉子,悻悻而回。

1913年3月,孙中山发动二次革命,武装讨伐袁世凯。柏文蔚坚决支持。不久,袁世凯即以"不服从中央"为借口,下令将柏文蔚免职。但袁世凯深知柏文蔚深受部众爱戴,为安抚民心,遂安排他一个闲差——陕甘筹边使。柏文蔚不想就任,想留在安徽发动民众,讨伐袁世凯,遂去电称:"筹办费五千万元,否则不能前往任职。"袁世凯立即回电:"请速来北京,五千万元不是难事啊。"柏文蔚又去电说:"东邻唆使某党,想乘机动爱国之士,不可相煎太急,国家为重,地位为轻,勿因地位而动摇国家。"袁世凯遂又回电说:"吾将与君携手痛哭于大荒之野,望驾来京,共筹大计。"然柏文蔚终不为所动,旋出任安徽讨袁军总司令,举起反袁大旗。

柏文蔚一生朴实无华,安贫若素。柏文蔚母亲主持家政时,经济拮据,一家人开不出伙食。有人告诉柏老太太,柏文蔚接管的造币厂钱多得很。柏老太太不明真相,遂将柏文蔚找回家大发脾气。柏文蔚无奈,这才写借条暂借二百元应付家用。

(陈劲松)

邹韬奋怒揭王伯群

邹韬奋是我国杰出的新闻记者、政论家和出版家,从 1926 年起就在上海主办《生活》周刊。他根据社会和读者需要,从内容到形式,对《生活》周刊进行一次大幅度的革新。他确定该刊的宗旨为"暗示人生修养,唤起服务精神,力谋社会改造"。

邹韬奋在办刊物的过程中,十分注重联系群众。他总是抽出时间,仔细阅读、答复读者的每一封来信,认真倾听读者呼声,反馈读者信息。由于《生活》周刊文字朴实、亲切自然、贴近生活,又敢于面对现实、伸张正义,很快就成为群众倾诉衷肠的热心伙伴,赢得了广大读者的信任和热爱,从一个不起眼的小刊物,一跃发展成为"风行海内外,深入穷乡僻壤的有广大影响的刊物",发行量最高达到 15.5 万份,"创造了当时期刊发行的新纪录"。

1931 年春,有位读者写信给邹韬奋先生,揭露国民党交通部部长兼上海大夏大学校长王伯群利用职权,贪污腐化。王虽年过五旬,仍逼迫上海一位女学生做他的小老婆,且婚礼之奢侈不亚于蒋介石、宋美龄的豪华气派。来信还附有王的豪华私宅地址。邹韬奋当即派记者深入调查,并拍照多幅,准备向公众曝光。

王伯群得知此情后,连忙派了商务印书馆一位"交际博士"和一位邹韬奋先生的老相识,带了 10 万大洋前往《生活》周刊社公关,同邹韬奋先生"谈判"。"交际博士"首先说:"邹先生,王部长最近拨了一笔公款,对上海各家报刊进行补助,贵刊是王部长特别爱好的,所以也补了一点。"邹韬奋先生问多少,"交际博士"说:"不多,只10万大洋。"邹韬奋先生站起来,微笑着说:"王部长的好意我们领了,但我们是民间刊物,从不接受官方津贴。"

"交际博士"一听,说:"邹先生,您别误会,这不是津贴,是补贴。如果连补贴您也不收,那就算王部长入股的资金吧!"

"我们确实准备公开招股充实资金,但这样的投资与我们的章程不合,这笔钱我们还是不能收。请你们转告王部长,如果他的钱多的实在没地方花,我看就捐给同仁堂吧,做做善事,救救几百万嗷嗷待哺的灾民吧。"

邹韬奋先生的老相识又假惺惺地问他最近生活怎么样,提出王伯群想让他在交通部担任一个差使,只领薪水不要上班。但还是被邹韬奋拒绝了。

邹韬奋先生很快便在《生活》周刊上公布了王伯群用贪污款盖豪宅纳小妾的事实,并撰文说:"在做贼心虚而自己丧尽人格时,就以为只需出几个臭钱,便可无人不入其彀中,以为天下都是要钱不要脸的没骨气的人,但是钱的效用亦有时而穷!"对无耻行贿的贪官王伯群予以狠狠地痛斥。

(陈劲松)

马寅初怒斥孔祥熙

★★★★★★★

著名学者马寅初先生,一生刚直不阿,他先后担任国民党立法院经济委员会和财政委员会的秘书长,对于当时财经法案的审议,都是站在国家和人民利益的立场上,力陈利害得失,据理力争,不管当时的财政部长是宋子文还是孔祥熙,他都不为这些炙手可热

的权贵所屈服。

1939年国统区物价日渐上涨,法币开始贬值,金银及美钞投机买卖猖獗。这时,财政部领导及其关系户悄悄大量购进外汇、金银和其他一些紧俏物资。然后,财政部又突然公布,将法币兑换美元的比价降低100％,金融市场顿时一片混乱,物价疯涨,而先行购有硬通货的官员则大发了一笔横财。

时任重庆大学商学院院长的马寅初闻讯义愤填膺,怒不可遏,决心找机会公开发表演讲,抨击国民党的贪官污吏。当年秋天,适逢中国经济学社年会召开。事前,马寅初亲自上门邀请曾加入该社的社员孔祥熙出席。其时,孔祥熙正任财政部长,他不知是计,是日准时到会,得意洋洋。

大会刚开幕,主持人马寅初即请孔祥熙就全国当前的财经状况和有关政策作报告。孔祥熙根本没有发言的准备,但在大家热烈鼓掌并都把眼睛盯着他的情况下,只得走上台去,敷衍一阵。马寅初在孔祥熙发言将毕时说:"请问部长先生,在法币已经贬值,物价不断上涨的时候,财政当局没有设法稳定币值,制止物价上涨,反而突然宣布大幅度地降低法币对美元的比价,推波助澜地造成财政上的大紊乱,致使物价更猛烈地上涨,我们学识浅薄,不知用意何在?"

马寅初又接着问:"听说这次调整美元比价公布以前,那些洞悉内情的人,都拼命地抢购美钞、黄金、白银,还通过种种方法套购外汇,抢购物资,不顾人民死活,一夕之间都发了大财。请问部长先生又作何解释?"当时到会的社员,虽然感觉到马寅初的发言会触怒孔祥熙,但又对他的不畏权势,敢于说出大家的心里话而由衷地敬佩,会场上响起经久不息的掌声,致使孔祥熙在台上呆若木鸡,无言以对,下不了台。

这时,有人提议休息10分钟,这才解了孔祥熙的难堪之围。这位孔部长就乘此机会,托言有事,溜之大吉,但他心中对马寅初无情的揭露,恨之入骨。

马寅初又多次在公开演讲中要求将孔祥熙、宋子文撤职。1940年他给陆军大学将官班学员讲抗战财政问题,说:"抗日战争是中华民族存亡的严重关头,全国上下应该有钱出钱、有力出力,同心同德,共赴国难。但是现在不是这样,现在是'下等人'出力,'中等人'出钱,'上等人'则既不出钱,又不出力,囤积居奇,发国难财。还有一种'上上等人'依靠权势,利用国家经济机密从事外汇投机,大发超级国难财。"他指名道姓地点出"这种猪狗不如的'上上等人'就是孔祥熙和宋子文之流……必须把孔祥熙、宋子文撤职,把他们不义的家财拿出来充作抗战经费"。

为此,宋蔼龄、宋美龄不断向蒋介石施加影响,要求对马寅初进行严厉处置。蒋介石嘱咐重庆大学校长叶元龙陪同马寅初来见他,蒋对叶元龙说:"我要当面同他谈谈,他是长辈,又是同乡,总要以大局为重!"叶怕碰钉子,就让侄子去向马寅初转达这个消息,可马寅初回答说:"叫校长陪着我去见他,不去!让宪兵来陪我吧!"又说:"文职人员不去拜见军事长官。没有这个必要!见了面就要吵嘴,犯不着!再说,从前我给他讲过课,他是我的学生。学生应当来看老师,哪有老师去看学生的道理!他如果有话说,叫他来看我!"

蒋介石虽生气,也只好给自己找台阶下,对叶元龙说:"我是想同他谈谈经济问题。你回去告诉他,以后有时间,随时可以来找我。"但马寅初始终不去见蒋介石。

1941年马寅初被国民党特务劫持到贵州息烽软禁起来,直到

1942年8月，国民党政府迫于中国共产党、爱国民主人士和重庆大学学生的压力，才不得不将马寅初释放回重庆大学商学院上课。但他仍然利用三尺讲台，继续抨击国民党政府的黑暗腐败。

（陈劲松）

爱憎分明的于右任

于右任先生是中国现代史上著名的政治家、书法家，国民党元老，早年加入同盟会，追随孙中山先生反对帝制，曾在上海办《神州日报》、《民呼日报》、《民立报》、《民吁日报》，鼓吹革命。民国成立后，曾任南京临时政府交通部次长、国民政府常委、军委会常委、审计院院长，后长期任监察院院长。他一生不畏权贵，嫉恶如仇。

"四一二"反革命政变后，陕西省国民党省市党部接连召开讨蒋大会。时任陕西革命军总司令的于右任，在4月27日陕西省党部召集的大会上，痛斥蒋介石"叛党叛国之罪恶"。

1932年，时任行政院长的汪精卫未依国民政府《组织法》规定，即"停战协议须先经立院议决"，在上海"一·二八"事变后，径行与日本缔结《上海停战协定》。他的行为虽经当时的国民党中央政治会议许可，但未经立法院审议。时任监察院长的于右任对此等违法行为，立即提案弹劾。弹劾案提出后，汪精卫以辞职要挟，以致监察院依法移送弹劾案卷给中央监察委员会审议时，竟得到"应毋庸议"的结果，于右任为此辞职抗议。

1937年，于右任58岁生日时，蒋介石大张旗鼓地准备给他做生日。可是，于右任却在生日那天"失踪"了。原来，于右任偷偷地离开南京城，来到上海大学同学会不久前接办的一所中学。于右任先生的到来，使全体师生喜出望外。当大家得知今天是于右任先生的生日时，都自动汇集到操场上，为先生召开祝寿大会。面对师生，于先生大声说道："你们知道，蒋介石为什么要为我祝寿吗？是因为他的不抵抗主义被全国百姓深恶痛绝，国民党政府的腐败已经无可救药；是因为我不想卖国，也不想贪污，所以蒋介石便要利用给我祝寿来欺骗全国老百姓啊！我要是让他们给我祝寿，我不就成了贪污政府的老祖宗了吗？所以我就从南京逃出来啦。""那我为什么要你们和我一起过生日呢？是因为四一二清党的时候，蒋介石屠杀了我们上海大学五六百个学生。为什么蒋介石要杀他们呢？因为他们是爱国爱民的好学生呀！是蒋介石卖国贪污政府的眼中钉啊！""我是跟孙文一起干救国救民的国民党员。我不知道你们谁是共产党，但我知道共产党是真正爱国爱民的。你们要复办上海大学，我举双手赞成！你们要向那些为革命而掉脑袋的同学们学习啊！国民革命没有成功，帝国主义没有被打倒，我是死不瞑目的！""我来和你们一起过我的生日，是因为我把希望寄托在你们身上。"听了于先生的讲话，全场掌声雷动，师生们流下了热泪。于先生喝了师生们敬献的寿酒，吃了寿面，又返回南京去了。蒋介石本想利用为于右任做寿来装点他的门面，谁知反挨了一顿骂。

抗战时期，为了适应战时之需，于右任提出加强监察院职能，组织战区巡查团和战区军风纪巡查团、战时行政工作考核团、中央兵役监督委员会等，一方面视察伤兵的救济与伤兵医院，缓解伤兵遭受的痛苦；另一方面，打击腐败，纠弹贪官，共立案2600多起，处罚了一批犯案人员。这期间，于右任参观成吉思汗陵墓，写下了慷慨激昂的《越调·天净沙》："兴隆山上高歌，曾瞻无敌金戈，遗诏焚

香读过,大王问我:几时收复山河?"1945年8月,毛泽东到重庆谈判。9月6日,于右任设宴招待毛泽东。席上,长髯飘飘的于右任称赞毛泽东的诗词作得好,神采奕奕的毛泽东却说:"怎抵得上先生'大王问我:几时收复山河'啊!"举座哈哈大笑。

1949年11月29日,于右任先生被国民党裹挟去了台湾,结发夫人高仲林和长女被留在大陆。海峡相隔,亲情难忘。1962年1月24日,他彻夜难眠,挥笔写下千古离情绝唱:"葬我于高山之上兮,望我大陆;大陆不可见兮,只有痛哭!葬我于高山之上兮,望我故乡;故乡不可见兮,永不能忘!天苍苍,野茫茫;山之上,国有殇!"1964年11月10日晚于右任与世长辞,他的遗体被安葬在台北最高的大屯山上,并在海拔3997米的玉山顶峰(我国东南诸省最高峰)竖立起一座面向大陆的半身铜像。于右任先生终了却登高远眺故土的心愿。

(陈劲松)

冯玉祥嫉恶如仇

有关冯玉祥的故事,过去在国共两党和人民群众中广为流传。他不仅是一位爱国将领,而且是个"丘八诗人",为人所不敢为,说人所不敢说,一生正气,嫉恶如仇。

冯玉祥戎马一生,丰功伟业,举世闻名。1936年任国民党政府军事委员会副委员长。抗日战争爆发后,曾任第六战区

司令长官。七七事变后,汪精卫等人投降卖国嘴脸进一步暴露,冯玉祥与其进行了针锋相对的斗争。1938年10月,蒋介石在武汉召集最高国防会议,会间,冯玉祥提出要"抗战到底"。会后,只剩下几个人时,汪精卫问冯玉祥:"什么叫抗战到底?"冯玉祥回答:"收复失地,不但东北四省,连台湾、琉球也要收回。打到倭寇投降,这就叫抗战到底。"当时身为国民党副总裁的汪精卫,却转过脸向蒋介石公然用嘲笑的口吻说:"这是做梦!"冯玉祥站了起来,厉声痛斥道:"做梦,各人不同,有人做梦当主人,有人却做梦当奴才!"骂得汪精卫面红耳赤,狼狈不堪。

两个月后,汪精卫潜离重庆,经昆明逃往河内,投入日本帝国主义的卵翼之下,成了遗臭万年的民族败类。在重庆召开的讨汪大会上,冯玉祥大骂汪精卫王八蛋,主张开除汪精卫党籍,通缉汪精卫,严惩不贷,并连续在广播中痛斥汪精卫。会后,冯玉祥又拿起他独创的"丘八诗"为武器,鞭挞卖国贼汪精卫,诗题为《黄花菜》,主要内容如下:

时当二九天,蜀道菜花香;
黄花真悦目,风来阵阵香;
此花有傲骨,胆敢战风霜。
前方正抗战,汪贼竟投降!

领袖欲太重,汉奸也愿当,
行年已半百,晚节末路忘;
国家与朋友,尽弃投敌邦;
千年万世后,"精卫"恶名扬!

倭寇将大败,我军正威扬;
不久失地复,民族得解放!

日本革命起,军阀尽灭亡。
到了那一天,汪贼去何方?

四五千年史,此战最芬芳!
成仁与成功,必耀青史上。
呜呼!汪精卫!心肝尽丧亡!
呜呼!汪精卫!不如菜花黄!

这首诗如同一篇檄文,充分表达了冯玉祥对汪精卫这一汉奸代表人物的痛恨和鄙视。

冯玉祥毕生嫉恶如仇。早在 1924 年,他任西北边防督办时,当时身任直鲁豫巡阅副使的直系头目吴佩孚手握重兵,权势熏天。是年吴佩孚庆贺自己的 50 大寿,一些趋炎附势之徒,争相贿赠厚礼。陕西督军陈树藩送鱼翅席 1000 桌,金罗汉 500 尊,每尊用真金二两五钱熔铸而成。在众多珍贵的礼品中出现了冯玉祥派人抬来的一个大坛子。吴佩孚以为是名酒,打开闻闻无酒味,尝试之后,竟是清水,吴佩孚脸色突变。这时一个幕僚惟恐事态骤变,遂解释说:"这是玉泉山的水,这天下第一泉的泉水送给天下第一人哪。"吴佩孚也就坡下驴:"君子之交淡如水,焕章知我也。"但他心知冯在戏弄他,从此结下仇恨。

抗战胜利以后,蒋介石违背全国人民意愿,全面发动内战,镇压民主运动。早就对蒋不满的冯玉祥,此时公然打出反蒋的旗帜,而且态度坚决,义无反顾。1947 年 10 月,冯玉祥在侨居的美国纽约举行中外记者招待会,他列举大量事实深刻揭露蒋政权的反动本质和他们发动的内战给中国人民带来的深重苦难,号召中美人民联合迫使美国政府修改国策,停止对蒋政权的军事援助。以后他又在多种报刊、各种集会上进行了激烈的反战和平宣传。后来美国报纸、电台根据其政府意图,不再登载、转播冯玉祥的讲话,他就走上街头,面对面地向美国人民进行反战宣传。国民党宣布将他革除公职、开除党籍、吊销出国护照,对他进行种种迫害,蒋介石手下的特务也频繁活动,为此他写下《预备被人打死的遗嘱》。1948年1月14日,冯玉祥在中外记者招待会上说"必须像对待清朝、袁世凯和北洋军阀一样推翻蒋介石的统治,以便在中国能最终实现和平与民主"。同年7月,冯玉祥乘海轮踏上归国的旅程,不料海轮船舱发生大火,冯玉祥遇难。他虽然离开人间,但他嫉恶如仇的浩然正气却永世长存。

(薛正人)

大智大勇的叶剑英

叶剑英同毛泽东、陈毅一样,都是革命家、军事家和优秀的诗人。他的大智大勇和光明磊落的品格为世人所敬仰。

长征中,叶剑英三次为中央机关解围,救毛泽东脱险,一时在红军中传为佳话。1935年1月15日,党中央在遵义召开政治局扩大会议,结束了王明"左"倾冒险主义在党中央的统治,并重新确立了毛泽东在红军和党中央的领导地位。1月26日,中央机关行军到土城附近一道山口时,突然遭到敌人的伏击,叶剑英遇险不惊,一边命令警卫部队还击,一边指挥通讯队和卫生队掩护中央领导人向山谷撤退。不料还没从山谷中走出来,又发现了一群敌人,毛泽东等人暂避在山谷的水沟里。敌人见红军火力有限,便高喊着"活捉朱、

毛"，一窝蜂地从山坡上冲了下来。在这千钧一发之际，叶剑英率队飞速从后面赶了上来，拼命战斗，以一个排的兵力，击溃了敌人一个连，使中央机关终于转危为安。脱险以后，毛泽东幽默地说："好险，要不是我们的叶司令及时赶到，大家都要吃'花生米'了！"

3月10日，中央军委在苟坝附近山坡上一户农家小屋里召开中共中央负责人会议，会议决定由毛泽东、周恩来、王稼祥组成三人军事指挥小组后，正要讨论下一步红军进军方向时，突然敌机飞来袭击会场。叶剑英靠门而坐，刚听到敌机的呼啸声便急呼："敌机来袭，主席快跟我来！"一把拉住毛泽东的手，急忙跑出屋子隐蔽到了山脚下一片齐人深的草丛里。敌机对会场进行了轰炸，但毛泽东和与会人员都因隐蔽及时而安然无恙。

9月9日，张国焘企图篡权，密电陈昌浩以武力危害毛泽东、周恩来、博古等人。密电到达前敌总指挥部时，由于陈昌浩正在干部会议上眉飞色舞地讲话，译电员便将电报交给叶剑英，请他会后交给陈昌浩。叶剑英看过电报后，知道问题严重，趁陈昌浩不注意时，走出会场，飞跑到毛泽东的住地，将密电拿给毛泽东看，然后又迅速返回。毛泽东看后立即转移，离开危险境地，带领党中央机关及时北上。事隔32年后的夏天，毛泽东与杨成武谈及此事时还摸着自己的脑袋风趣地说："叶剑英同志在关键时刻是立了大功的，如果没有他，就没有这个了，他救了党，救了红军，救了我们这些人。"

"文革"期间，1967年1月19日，中央军委在北京京西宾馆召开碰头会议，主要讨论军队搞不搞"四大"的问题。江青等人坚持要在军队搞"四大"，不能特殊，叶剑英、聂荣臻、徐向前等坚决反对。次日，江青仍无理纠缠，叶剑英愤怒地拍案痛斥江青："谁想搞乱军队，决不会有好下场！"因拍桌子过猛，右手小指骨折。2月11日和16日，中央政治局成员和中央文革小组在怀仁堂开碰头会，叶剑英首先站起来责问康生、陈伯达一伙："你们把党搞乱了,把政府搞乱了,把工厂、农村搞乱了!你们还嫌不够,还一定要把军队搞乱!这样搞,你们想干什么?"接着徐向前、陈毅、谭震林都站出来与江青一伙进行面对面的斗争,这一正义举动被说成"二月逆流"。这些都表现了叶剑英正气凛然、无所畏惧的革命精神。

　　1976年9月9日,毛泽东逝世后,江青一伙加紧了夺取党和国家最高领导权的阴谋活动,伪造"按既定方针办"的临终嘱咐。中国革命前途到了生死存亡的关键时刻,一些革命老前辈和华国锋希望叶剑英早拿主意。随后,叶剑英与华国锋在玉泉山共同商议了粉碎"四人帮"的行动方案和部署,决定对"四人帮"实行断然措施。形势在恶化,叶剑英认为事不宜迟,马上行动。10月6日晚,中央召开政治局常委会议,当场宣布将"四人帮"隔离审查,没费一枪一弹,没流一滴血,就顺利地处置了"四人帮",终于结束了全国人民深受其害的"文化大革命"。在这场惊心动魄的斗争中,叶剑英发挥了关键性作用。从此,我们党和国家的历史揭开了新的一页。

(薛正人)

一 威武不屈

威武不屈,就是强暴的压力不能使之屈服。春秋战国时期,合纵、连横并行,持这两种学说的政客到处游说不息。其中以公孙衍、张仪为佼佼者。因为他们代表着强国,所以弱小的国君看到他们两人都非常害怕,唯恐他们发动军队进攻自己。有一个说客问孟子:"公孙衍和张仪能令君主害怕,是不是真正的大丈夫?"孟子回答说:"富贵不能淫,贫贱不能移,威武不能屈,此之谓大丈夫!"

本节所讲述的22位英雄人物,他们是不屈不挠的斗士。苏武作为东汉使节,匈奴单于为了逼迫苏武投降,开始时将他幽禁在大窖中,苏武饥渴难忍,就吃雪和旃毛维生,但绝不投降。单于又把他弄到北海,苏武更是不为所动,19年手持汉朝旌节,牧羊为生,在冰天雪地中以羊毛草根甚至于靠掘田鼠就着冰雪充饥,表现了顽强的毅力和不屈的气节。1399年,燕王朱棣造反,次年夺取帝位,命前朝大臣、著名学者方孝孺进宫起草即位诏书。孰料方孝孺披麻戴孝上殿,痛骂朱棣,大书"燕贼篡位"四字。朱棣发怒说:"汝不顾九族乎?"方孝孺奋然回答说:"便十族奈何!"朱棣大怒,灭方孝孺十族(九族以及他的学生),死者达873人。中共辽宁省委宣传部干事张志新,怀着对党、对人民的赤胆忠心,反对"四人帮",对"文化大革命"以及个人崇拜一次次提出质疑,因此被捕入狱。在狱中,她仍然不屈不挠,顽强经受着非人的折磨,至死不渝,留下发人深省的遗言:"如果痛苦换来的是结识真理、坚持真理,就应自觉地欣然承受,那时,也只有那时,痛苦才将化为幸福。"忠贞护国被叛将缢死的颜真卿,留取丹心照汗青的文天祥,"国之瑰宝"宋庆龄,"身处艰难气若虹"的陈独秀,献身共产主义的李大钊,为了自由在烈火中永生的叶挺,预立遗诗"旌旗十万斩阎罗"的陈毅,正气浩然的方志敏,从容就义的瞿秋白,热血谱战歌的夏明翰,视死如归的刘胡兰,傲雪红梅江竹筠,无愧骄阳杨开慧,为革命死亦何妨的王步文,为民主献身的李公朴,豪情楚囚恽代英。他们身上所凝聚的崇高精神品质,滋养着中华民族坚毅的性格,永远彰显着中华民族威武不屈的气节。

苏武牧羊

公元前 100 年,匈奴派使者来汉求和,汉武帝为了答复匈奴的善意,就派中郎将苏武拿着旄节,带着副手张胜和随员常惠等,出使匈奴,以增进友谊。

苏武没到匈奴之前,有一个生长在汉朝的匈奴人,叫卫律,在受汉王朝派遣出使匈奴后投靠了匈奴,单于封他为王。卫律有一个部下叫做虞常,跟苏武的副手张胜原来是朋友,在苏武的使团到达后,就暗地跟张胜商量,想杀了卫律,劫持单于的母亲,逃回中原去。张胜表示同意,没想到虞常的计划没成功,反而被匈奴人逮住了。虞常受尽种种刑罚,最后供出了张胜。单于大怒,想杀死苏武,被大臣劝阻了,单于又叫卫律去逼迫苏武投降。苏武说:"我是汉朝的使者,如果违背了使命,丧失了气节,还有什么脸面见天下人呢?"遂拔出刀来向脖子抹去。卫律赶快叫人抢救,苏武才慢慢苏醒过来。

单于觉得苏武是个有气节的好汉,十分钦佩他。等苏武伤痊愈了,单于又想逼他投降。单于派卫律审问虞常,让苏武在旁边听着。卫律先把虞常定了死罪,杀了;接着,又举弯刀威胁张胜,张胜贪生怕死,投降了。卫律又举刀威胁苏武,苏武毫不动色。卫律只好把刀放下来,劝苏武说:"我也是不得已才投降匈奴的,单于待我好,封我为王,给我几万名的部下和满山的牛羊,享尽荣华富贵。先生如果能够投降匈奴,明天也跟我一样,何必白白送掉性命呢?"

苏武怒骂道:"你做人家的臣下和儿子,背叛皇上、抛弃亲人,不仁不义不忠不孝,我为什么要学你!况且单于信任你,让你决定别人的死活,而你却居心不良,想要使汉皇帝和匈奴单于相斗,旁观两国的灾祸!南越王杀汉使者,结果九郡被平定;宛王杀汉使者,结果自己头颅被悬挂在宫殿的北门;朝鲜王杀汉使者,随即被讨平。如果我被杀,匈奴灭亡,将从我开始了!"单于听了卫律的报告,越发想要他投降,就把苏武囚禁在大地窖里,不给他喝的吃的。天下大雪,苏武卧着嚼雪,同毡毛一起吞下去充饥,几日不死。单于感到很神奇,就把他送到北海(今贝加尔湖)边去放羊,跟他的部下常惠分隔开来,不许他们互通消息,还对苏武说:"等公羊生了小羊,才放你回去。"公羊怎么会生小羊呢,这不过是要长期监禁他罢了。苏武到北海后,粮食运不到,只能掘取野鼠所储藏的野果来吃。他拄着汉朝的旌节牧羊,睡觉、起来都拿着,以致系在旌节上的牦牛尾毛全部脱落了。五六年后,单于的弟弟於靬王到北海打猎。因为苏武会编结打猎的网,矫正弓弩,於靬王颇器重他,供给他衣服、食品。三年多过后,於靬王得病,赐给苏武马匹和牲畜、圆顶的毡帐篷等。王死后,他的部下也都迁离。这年冬天,苏武的牛羊全部被盗,他又陷入了困境。

　　苏武出使匈奴的第二年,李陵投降匈奴,受单于之命访求苏武。他对苏武说:"你大哥苏嘉因折断了皇帝的车辕,被逼自杀了。你弟弟苏孺卿因追捕不到犯罪的宦官,而服毒自杀。我离开长安的时候,你的母亲已去世。你的夫人年纪还轻,已改嫁了。你还打算为谁守节呢?希望你听从我的劝告,投降吧!"苏武说:"大臣效忠君王,就像儿子效忠父亲,希望你不要再说了!如果单于一定要逼迫我投降,那么就让我死在你的面前!"李陵慨然长叹道:"义士啊!我李陵与卫律的罪恶上能达天!"

　　一直到了公元前85年,匈奴发生内乱,分裂成三个国家。新

威武不屈

单于没有力量再跟汉朝打仗，又打发使者来求和。那时候，汉武帝已死了，他的儿子汉昭帝即位。汉昭帝派使者到匈奴去，要单于放回苏武，匈奴谎称苏武已经死了。使者信以为真，就没有再提。第二次，汉使者又到匈奴去，苏武的随从常惠买通匈奴人，私下和汉使者见面，把苏武在北海牧羊的情况告诉了使者。汉使者见了单于，严厉责备他说："匈奴既然存心同汉朝和好，不应该欺骗汉朝。我们皇上在御花园射下一只大雁，雁脚上拴着一条绸子，上面写着苏武还活着，你怎么说他死了呢？"单于听了，吓了一大跳。他还真的以为是苏武的忠义感动了飞鸟，连大雁也替他送消息呢。他向汉使者道歉说："苏武确实是活着，我们把他放回去就是了。"

苏武出使的时候，才40岁，在匈奴受了19年的折磨，胡须、头发全白了。回到长安那天，长安的人民都出来迎接他。他们望着白胡须、白头发的苏武手里拿着光杆子的旌节，没有一个不受感动，说他真是个有气节的大丈夫。

（陈劲松）

颜真卿忠贞为国

颜真卿，唐代的大书法家，"颜体"的创始人，以其造诣超群的书法艺术名满天下。此外，他还是一位忠贞为国、气节高尚、敢于同恶势力不懈斗争的著名政治家。

唐玄宗开元年间颜真卿考中进士，曾为礼泉尉，由于他善理政务，后提升为监察御史等职。当时依仗其妹妹杨贵妃的势力得以专权的宰相杨国忠怨恨颜真卿不归附自己，把他排斥到平原郡做郡守。

当安禄山谋反的迹象日益显露的时候,颜真卿就暗中作了抵抗的准备,他修缮城防,召集壮丁,贮备粮草。安禄山发动叛乱后,河朔一带全部沦陷,惟独平原城防守完备。唐玄宗夸赞他行事有谋略。颜真卿联络时任常山太守的堂兄颜杲卿,聚集河北17郡200,000多兵马,并被推为主帅,有力地抗击了叛军。堂兄颜杲卿在与叛军奋战中被俘,慷慨就义。

安史之乱平定后,颜真卿在肃宗、代宗、德宗三朝担任过许多职务,有地方的最高长官,也有中央要职。由于他为官正直,秉公办事,对一些为非作歹的官吏加以弹劾,"军国之事,知无不言",因而遭到当权者的嫉恨,屡遭打击,被排挤出中央政权。代宗即位后任命颜真卿为吏部侍郎、检校刑部尚书知省事等职,封鲁郡公,世称"颜鲁公"。当时宰相元载结党篡权,规定百官奏本需先经长官告宰相,然后再有选择地上奏皇帝。颜真卿当即上书代宗,指出元载的做法是要架空皇上,乘机篡权,这是奸相李林甫、杨国忠都不敢做的事。言词非常激烈。元载得知后极为痛恨,寻机将颜真卿贬为峡州别驾。对直言遭贬,颜真卿始终无悔。他在给子侄信中写道:"吾去岁中言事得罪,又不能逆道苟时,为千古罪人也。虽贬居远方,终身不耻。"

宰相卢杞专权时,代宗召回颜真卿任刑部尚书。颜一如既往秉公办事,敢于直言,遭到卢杞嫉恨,尊为太子太师,免去了实职。唐德宗建中四年(公元783年),淮西节度使李希烈叛乱。卢杞乘

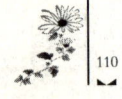

机向皇上建议说:"颜真卿在朝廷内外很有威望,派他去劝导李希烈,不用一兵一卒,便可平息此乱。"显然这是想借刀杀人。昏庸的德宗于是命令颜真卿到汝州安抚李希烈,诏令下达后,整个朝廷都大为震惊,认为此去必死无疑。为了维护国家的利益,已是七十多岁老人的颜真卿不顾个人安危,毅然前往。

当颜真卿到达李希烈驻地时,李指使养子多人环绕着他谩骂,并拔出刀剑对着他进行威胁。但颜真卿毫不畏惧,昂然挺立,正气凛然。此后李希烈又对颜真卿多次威胁利诱,均被严词拒绝。

颜真卿料到自己必定要被杀害,便写下遗书、墓志、祭文,指着栖身的地方说:"此处就是我的葬身之地。"

兴元元年(公元784年),唐朝平叛进军顺利,李希烈感到自己的末日即将到来,就派部将来到颜真卿所住之处,在庭院中堆满了柴草,浇上油,对颜真卿说:"你既然不愿意屈节,就去自焚吧。"颜真卿面对熊熊燃烧的烈火,毫不迟疑,纵身就向火堆跳去,来人见没有吓倒颜真卿,便急忙制止了他。同年8月,李希烈见实在无法使颜真卿屈服,便派人将他缢死,时年77岁。

颜真卿被害,在朝野中引起了很大反响,三军为之痛哭,皇上停止朝见五日,谥号为文忠,下诏称他"才优匡国,忠至灭身"、"出入四朝,坚贞一志"、"拘胁累岁,死而不挠"。

颜真卿坚持操守、忠贞为国、反对叛乱、刚正不阿的行为和品德,深受人们敬仰。宋代欧阳修曾赞誉颜真卿说:"忠义之节明若日月,而坚若金石,自可以先后传世无穷,不待其书,然后不朽。"颜真卿的高尚品格与他的高超书法一样,均流芳千古。

(周明洁)

[处世翘楚]

文天祥和他的《正气歌》

文天祥,字宋瑞、履善,号文山,南宋庐陵(今江西吉安)人,理宗宝佑四年(公元1256年)举进士第一。1275年,元军围困临安,他奉旨往敌营议和,因坚决抗争被拘,后得以脱走,率部转战于赣、闽等地,兵败被俘。元当局屡派要员向他劝降,但他始终坚贞不屈,1282年就义于大都(今北京),时年47岁。就义前文天祥写下了绝笔诗:"昔年单舸走维扬,万死逃生辅宋皇。天地不容兴社稷,邦家无主失忠良。""天荒地老英雄丧,国破家亡事业休。惟有一腔忠烈气,碧空常共暮云愁。"

在被囚的三年多时间里,他写了三百余篇惊天地、泣鬼神的爱国诗篇,表现出威武不屈的英勇气概。其中最著名的为震古铄今、感天动地的《正气歌》。近千年来,它在我国广为传颂,家喻户晓,成为中华民族浩然正气的精神支柱,薪火相传的爱国主义深刻教材。

《正气歌》大体分三个部分。第一部分是讲浩然之气的源起和作用。其原文是"天地有正气,杂然赋流形。下则为河岳,上则为日星。于人曰浩然,沛乎塞苍冥。皇路当清夷,含和吐明庭。时穷节乃见,一一垂丹青。"这一段译成现代语言则为:"天地之间有一股浩然正气,它赋予各种杂然相处的物体形态。在地上表现为江河与山岳,在天上表现为日月和星辰。这种浩气充满人间,塞满宇

宙和苍冥。盛世时节皇室当清除四夷的干扰,文武和谐拥戴清明的朝廷。国难当头方见忠臣的气节,他们的英名将会永垂青史,万古流芳。"

第二部分列举了古今12位忠义之士可歌可泣、青史留名的悲壮义举,并指出他们的义举是正气鼓舞的结果。原文是"在齐太史简,在晋董狐笔。在秦张良椎,在汉苏武节。为严将军头,为嵇侍中血。为张睢阳齿,为颜常山舌。或为辽东帽,清操厉冰雪。或为出师表,鬼神泣壮烈。或为渡江楫,慷慨吞胡羯。或为击贼笏,逆竖头破裂。是气所磅礴,凛烈万古存。当其贯日月,生死安足论。地维赖以立,天柱赖以尊。三纲实系命,道义为之根。"这部分译成现代文字则是:"齐国太史兄弟冒着杀身之祸,坚持在记载历史的竹简上书写'(权臣)崔杼弑其君(齐庄公)';晋国董狐能够秉笔直书,孔子称赞他是书法不隐的古之良史。韩国张良为了洗雪国耻,谋刺秦始皇未遂而遭到通缉;西汉苏武出使匈奴被扣塞外19年,终日手持汉朝旄节牧羊而坚贞不屈。汉末巴郡太守老将严颜被俘后甘愿断头绝不投降;晋代侍中嵇绍在内乱中用身体挡住射向惠帝的乱箭,血溅帝衣。唐代张巡在安史之乱时坚守睢阳,大呼讨伐逆贼,眦裂血流,齿牙皆碎;同时代常山太守颜杲卿被安禄山俘虏后骂贼不止,敌断其舌仍然痛骂。汉末名士管宁因政治黑暗戴着皂帽避乱辽东,清操自励若冰雪之洁;汉末诸葛亮为光复汉室写的《出师表》,慷慨壮烈,大义凛然,可以泣鬼神,惊天地。东晋祖逖在渡江时击楫发誓,过江后奋威收复了黄河以南的失地;唐朝朱泚谋反引诱殷秀实参加,殷盛怒夺笏猛击反贼使其头破血流。这浩然正气磅礴宏大,忠烈志士的凛然气节万古长存。当正气贯满日月之间,个人的生死又算得什么。地维依赖正气得以支撑,天柱全靠正气能够尊立。三纲靠正气得以维持,道义以正气作为根本。"

第三部分是讲述他在狱中遭遇的苦难,但有赖于浩然正气,仍然顽强地战斗。这部分原文为:"嗟予遘阳九,隶也实不力。楚囚缨其冠,传车送穷北。鼎镬甘如饴,求之不可得。阴房阗鬼火,春院閟天黑。牛骥同一皂,鸡栖凤凰食。一朝蒙雾露,分作沟中瘠。如此再寒暑,百疠自辟易。哀哉沮洳场,为我安乐国。岂有他缪巧,阴阳不能贼。顾此耿耿在,仰视浮云白。悠悠我心悲,苍天曷有极。哲人日已远,典刑在夙昔。风檐展书读,古道照颜色。"这部分译成现代文字则为:"可叹我生不逢时,遭遇厄运,无力挽救国家危亡。虽是俘虏仍戴着南国的帽子,囚车押我到荒凉的北方。鼎镬酷刑对我如同畅饮糖浆,但求早死却不能如愿。阴森的牢房闪着鬼火,关闭的春院一片黑暗。老牛骏马共槽进食,凤凰落到鸡窝里栖息。一朝染上疾病,枯骨散落郊野。如此恶境被囚两载,各种毒害不能伤我。这样卑下阴湿的地方,竟成我安乐的'天堂'。若无正气仅凭巧计,怎能抵御邪毒伤身。我光明磊落耿耿丹心,视生死荣辱如同浮云。我的悠悠悲伤之情,仿佛苍天没有边际。先贤先哲虽已远去,他们的精神令我更加坚定。在屋檐边展读圣贤书籍,他们的光辉思想照亮我忠贞的容颜。"

这首五言诗所以千年相传,万人吟诵,是因为它通篇洋溢着浩然正气,表现了作者坚贞不屈的民族气节,生死不渝的崇高信念。它将永远激励中华民族炎黄子孙,永葆浩然正气,岿然屹立于世界民族之林。

(陈劲松、惠政)

宁灭九族亦不屈服的方孝孺

方孝孺,字希直,浙江台州宁海人,自幼聪颖好学,少负文名,有"小韩子"之称,师从明初著名文学家宋濂。

明洪武十五年(公元 1382 年),方孝孺被地方官员首次推荐给朱元璋,朱元璋与之交谈后,很欣赏他的才华与谈吐,心想:这是一个人才!我要把他留给我的子孙作辅臣,以创造太平盛世。于是,将孝孺礼送回乡。几年后,方孝孺再次被引荐给朱元璋,时朱元璋正以严刑酷法整饬国家,而孝孺则主张以仁德教化天下。因此朱元璋觉得现在还不是起用方孝孺的时候,便将他送往汉中从事教学工作。

明洪武三十一年,朱元璋病死,由于太子朱标先于其父病殁,因此皇位由皇长太孙朱允炆继承,是为建文帝。据洪武帝遗命,建文帝召方孝孺进京,任命为文学博士,凡国家大事皆加以征询,甚为倚重。

朱允炆即位后,采取削藩政策,以巩固中央政权。燕王朱棣(朱元璋第四子,即后来的明成祖)在"削藩"的威逼下,打出"清君侧"的旗号,起兵反抗,与建文帝所部相互拼杀达四年之久。方孝孺坚决支持建文帝平叛,朝廷征讨朱棣的诏书、檄文,皆出其手。由于朱元璋生前大肆屠戮功臣,朱棣军起,朝廷几无御敌之将。而朱棣在随父灭元的长年征战中,已锻炼成一个出色的政治家和军事家。因此朝廷军队节节败退，建文四年（公元1402年），朱棣率军攻入明都南京，朱允炆下落不明，朱棣宣布其已自焚而死，方孝孺则被投入监狱。

早在朱棣率军攻入南京前，其主要谋士姚广孝就对他说："城下之日，孝孺肯定不会归顺，但请勿要杀他，若杀了他，天下的读书人将会离心。"朱棣点头应允。方孝孺被投入监狱后，朱棣吩咐给予优待，并不断派人去狱中劝慰，许以高官厚禄，要他回心转意，归顺自己。但方孝孺坚决不答应，说："宁为短命全贞鬼，不作偷生变节人。"

朱棣登基前，召众臣商议起草即位诏书一事。大家一致建议诏书由方孝孺来写最好。因为他文名大，文笔好，起草的诏书能达到高质量；尤其是他主张"削藩"最力，影响最大，由他来起草即位诏书，最能使人心归服。于是，朱棣命人将方孝孺带到大殿上，要他起草诏书，孰料方孝孺却放声大哭。朱棣见状，从御榻上走下来，安慰他说："先生不要难过，我这是效法周公辅成王啊！"孝孺问："'成王'安在？"朱棣答："已自焚而死。"孝孺又问："为何不立'成王'之子为帝？"朱棣答："国家应立长者为君。"孝孺又逼问："建文帝有弟，为何不立为帝？"这一下，朱棣无话可答了，只好说："这是我们朱家的事，先生就不要多操心了，你还是起草诏书吧。"说完，让人把纸笔塞到方孝孺手里，方孝孺执笔写下了"燕贼篡位"四字，掷笔于地，哭骂道："你这个篡夺侄子帝位的逆臣，败坏伦理的贼臣，不忠不孝不仁不义的奸臣，我就是死，也不给你起草诏书！"群臣见状，一个个都惊呆了。朱棣又羞又恼，再也按捺不住胸中的怒火，吼道："难道你就不怕我灭你九族吗？"方孝孺亦喊道："你便灭我十族亦如何？"朱棣气得叫人割掉他嘴巴上的肉，方孝孺便用流出的血喷吐朱棣。朱棣下令将他的宗亲九族及门人弟子一族都抓来，一个个送给他看一眼，然后行刑。方孝孺忍看宗亲族人及弟

子成为刀下鬼,也不屈服,最后被朱棣处以寸磔的酷刑。

这一案,方孝孺宗亲、门人弟子被处死达873人,被时人称之为"瓜蔓抄"。方孝孺临刑前作绝命辞,其中有"忠臣发愤兮血泪交流,以此殉君兮抑又何求"句,以表达他对建文帝的忠贞。方孝孺成仁取义,得到朝野的景仰。明仁宗在谕旨中说:"若方孝孺辈,皆忠臣,诏从宽典。"清高宗说:"褒其大节凛然,无忝纲常。"明中叶以后,方孝孺文集《逊志斋集》一刻再刻,不少人因重其气节而重其道德文章。

(陈劲松)

"身处艰难气若虹"的陈独秀

作为五四运动总司令和中国共产党的主要创始人之一,陈独秀一生跌宕坎坷,先后五次坐牢,但"身处艰难气若虹"。

1913年3月,孙中山掀起反对袁世凯的二次革命。二次革命失败后,作为安徽讨袁军总司令柏文蔚的秘书,陈独秀受到通缉。8月27日,从安庆逃到芜湖的陈独秀怒斥芜湖驻军旅长龚振鹏面对叛军"按兵不动,是何居心"。龚振鹏下令将陈独秀逮捕,准备以"临阵脱逃,扰乱军心"的罪名杀掉。在柏文蔚等的火速营救下,龚振鹏放了陈独秀。

1919年五四运动爆发后,陈独秀亲笔起草了《北京市民宣言》,并独自登楼散发,被便衣巡警抓住,经连夜审讯后,被关进了一间

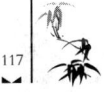

既脏又臭的狭小囚室。"五四运动的总司令"陈独秀被捕的消息传开后,全国震惊,各界人士函电交驰,强烈谴责当局的倒行逆施。迫于全国舆论的强大压力,北京政府只得下令将陈独秀具保开释。

出于对共产主义的恐惧,1921年10月4日法租界当局将中共最高领导人陈独秀抓进了牢房。在牢房里,陈独秀对包惠僧等一起被捕的同志交代说:"你们出去要继续为党工作,我们这个党是大有希望的,不要因为出现了些问题,就丧失信心。"他还特别对包惠僧说:"惠僧,你年纪轻,当局抓不到你什么证据,会很快放你出去的。你出去后还是回武汉协助董必武同志工作。武汉三镇是南北交通枢纽,工业比较发达,务必把党的工作搞好。毛泽东、何叔衡、刘仁静他们已在湖南开展党的工作。各地的同志都把工作搞好,党就会迅速发展。"包惠僧等同志感动地说:"大难临头,你舍生取义,首先想到的是党和大家,太令我们敬佩了。不过,我们还是要争取你先出去,党不能没有领头人。"陈独秀被捕之事经各大媒体报道后,上海乃至全国各界人士积极开展营救活动。慑于各方的压力,陈独秀被保释出狱。

上海租界当局对中国共产党及其领导的工人运动极端仇视。他们在逮捕了中国劳动组合书记部秘书李启汉之后,又于1922年7月砸掉了中国劳动组合书记部。同志们再三劝陈独秀离沪躲避风头,他大义凛然地说:"反动势力对我实行逮捕,也不是头一回,他要逮就让他逮吧,党的二大我不能离开。"中共二大闭幕后,8月9日上午,法租界总巡捕房突然闯进陈独秀的家将他逮捕。孙中山、蔡元培、蔡和森、李石曾等社会名流闻讯后迅速展开营救活动。北京的自治同志会、新中国会、改造同盟会、马克思主义研究会等10个团体联名发表了为陈独秀被捕事敬告国人的《宣言书》,宣告称:"在判决我们亲爱的陈独秀的日子,举行大示威,高呼打倒法帝国主义!为自由而战!"正在酝酿大罢工的长辛店铁路工会也发出

紧急通电,声称如不释放陈独秀,将组织工人大罢工。迫于强大压力,上海法国领事只得以陈独秀虽"无共产党之实,但《新青年》有宣传过激思想"为由,判处罚金400块大洋,交保释放。

  1932年的陈独秀,虽已不是中共领导人,但国民党当局对拥有巨大社会影响力的陈独秀,仍十分忌惮。10月15日,陈独秀在上海公共租界被工部局逮捕,移交给国民党政府。国民党开动所有的官方宣传机器,竭力主张"迅予处决"。陈独秀此次被捕,再次在海内外引起很大的轰动。国内外学者名流蔡元培、杨杏佛、柳亚子、林语堂、杜威、爱因斯坦、罗素等纷纷致电蒋介石,要求释放陈独秀。许多报刊发表文章或短评,呼吁营救陈独秀。北京学生界还发动了颇有声势的援陈运动。蒋介石一概置之不理,后来因宋庆龄亲自出面,蒋介石才不得不下令将陈独秀押解到南京军政部,交法院审判以重司法尊严。10月25日,军政部长何应钦传讯陈独秀,谈话结束后,竟要陈独秀为其题词。陈独秀即兴挥毫写道:"三军可夺帅也,匹夫不可夺志也。"何应钦气得将它撕得粉碎。1933年4月陈独秀被以"危害民国罪"判处有期徒刑8年。从此,他把监狱变成"研究室",勤奋读书,潜心著述。1935年秋,刘海粟刚刚从欧洲举办个人画展回国,便前来探望狱中的陈独秀。临别时,刘海粟拿出纸和笔墨,请陈独秀为他题字留念。陈独秀稍作沉思后,欣然提笔写道:"行无愧怍心常坦,身处艰难气若虹。"后来陈独秀又将此联重写成条幅,悬挂在囚室墙壁,以表达他身陷囹圄的处境和革命的气节。

  1937年8月,老虎桥监狱受到日机的狂轰滥炸,因担心陈独秀的安全,胡适、张伯龄等人要保释陈独秀出狱,国民党政府已同意,但要陈独秀本人写封悔过书。陈独秀坚决地说:"我宁愿炸死在监狱中,实无过可悔!""附有任何条件,皆非所愿!我要无条件出狱!"后经胡适等人出面斡旋,陈独秀再获自由。出狱后,陈独秀先后住在武汉、重庆,最后长期居住于四川江津。1942年5月27日,拒绝国民党当局接济的陈独秀在贫病交加中逝世。陈独秀后期,虽然也曾说过错话,做过错事,但他威武不屈的精神品质,还是值得我们后人学习的。

(陈劲松)

为共产主义而献身的李大钊

李大钊是中国早期的马克思主义者,中国共产党的创始人之一。

1918年1月,李大钊经章士钊推荐,到北京大学担任图书馆主任。当时的北大,汇集了陈独秀、胡适等一大批新文化运动的斗士,使北大成为新文化运动的中心,李大钊也参加了《新青年》编辑部,同陈独秀等人轮流编辑这个已成为新文化运动旗帜的刊物。同年11月,李大钊在北京群众庆祝欧战胜利大会上发表题为《庶民的胜利》的演说,接着又写下《布尔什维主义的胜利》一文,热情歌颂了十月革命,提出中国革命必须走俄国的道路这一方向。

1919年5月,五四运动爆发,李大钊在思想上、组织上领导了这场运动。中共早期党员高一涵曾回忆:"五四游行,守常(李大钊字)和学生一道参加。有一次,为了救援被捕学生,大家集队往政府请愿。队伍走到国务院门前,只见铁门紧闭,门内架着机关枪,

守常悲愤之急,一个人跑出队伍冲将上去,大家赶忙上前把他拖住,真是又英勇、又危险。"

1920年1月,为了摆脱北洋政府的迫害,刚出狱的陈独秀决定避居上海,李大钊亲自护送他到天津,一路上,"南陈北李"相约建党。1921年7月,各地共产主义小组选派的代表在上海召开中国共产党第一次全国代表大会。李大钊因教务繁忙,未能抽身南下,便选派了张国焘和刘仁静代表北京小组出席大会。一大宣告了中国共产党正式成立,李大钊作为党的创始人之一,为党的建立做出了不可磨灭的巨大贡献。

1924年12月,中共北方区委成立,由李大钊总负责。北方区委成立后,即开始着手恢复工人运动。次年11月,随着革命形势不断高涨,李大钊及北方区委决定在北京发起直接夺取政权的革命。此时帝国主义与北洋军阀密切勾结起来,企图扑灭革命的烈火。1926年3月17日,在李大钊领导下,北京群众包围段祺瑞执政府,要求以强硬态度抵抗帝国主义的强盗行为,但遭段政府武力驱散。3月18日,北京总工会、学生总会等200多个团体,10多万群众齐集天安门,召开示威大会,通过了反对八国通牒,驱逐八国公使等提案,并在会后组织了2000多人的代表团赴段政府请愿。李大钊亲自打着一面大旗,走在队伍前列。当游行队伍进入执政府门前的广场时,反动军阀政府下令向群众开枪,北京女子师范大学学生刘和珍等46人惨遭杀害。面对反动政府的血腥镇压,李大钊不顾个人安危,冒着枪林弹雨,指挥示威群众疏散。当他看到几个受了重伤的青年倒在地上时,便一个个地把他们搀扶起来,组织力量把他们背走。直到绝大部分群众脱离险境,李大钊才随着群众朝胡同口走去。军警用枪口指着他的胸膛,厉声喝道:"你是干什么的?""我是做买卖的。"李大钊从容不迫地回答。当时李大钊穿着长袍马褂,微胖的脸庞留着八字胡,并戴着一副眼镜,很像个商人的样子。军警信以为真,便用力揉了一下他的肩膀说:"做买卖到这儿来,找死呀! 还不快走!"李大钊机智地躲过了敌人的检查。当天夜里,李大钊召集北京党组织的紧急会议,研究部署新的战斗计划。

鉴于李大钊巨大的革命影响力,北洋军阀政府下令通缉他,必置之死地而后快。1927年4月6日,李大钊被军阀张作霖逮捕了。敌人对他施用了种种酷刑,但面对意志如钢的李大钊,却没有得到一点情报,只得把他押回牢房。在牢房里,李大钊领导被捕的难友进行狱中斗争;向监狱的看守进行革命宣传。一个看守同情革命,李大钊争取了他,让他帮助传送消息。一天傍晚,这个看守悄悄地塞给李大钊一封信。他打开一看,是党组织写来的。信里说,北方铁路工人强烈要求组织一支武装,前来营救他和同志们出狱。党组织来信征求他的意见。李大钊毅然拿起笔,借着从铁窗透进来的暗淡光线,写了回信。信中写道:"这种行动自然是工人同志的革命精神和对党对我的爱戴,但今天完全没有可能实现这种计划,拘留所处于重重武装戒备之中。我个人为革命为党而牺牲是光荣的,这已经是党的损失了。我不能再要同志们来作冒险的事业,而耗费革命力量。"

两天后,敌人决定绞死李大钊等革命同志。李大钊视死如归,大义凛然。当刽子手把绞绳套在他脖子上的时候,他发表了最后一次简短的演说:"我们宣传的马克思主义,已经培养了许多革命同志,如同红花的种子撒遍全国各地。这种子需要用鲜血浇灌,他们会开出艳丽的花。我深信:共产主义必将得到光荣的胜利,将来的环球,必定是赤旗的世界!"

(陈劲松)

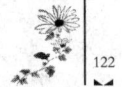

"国之瑰宝"宋庆龄

宋庆龄是伟大的革命先行者孙中山的夫人、政治活动家和革命家、中华人民共和国缔造者之一,生前任全国人大常委会副委员长、国家副主席。1891年出生,广东文昌县(现属海南省)人。中共中央在她逝世后的追悼词中赞扬她具有"坚定忠诚、恭谨谦逊"的性格,"在任何情况下都保持着坚定的政治原则性,威武不屈,富贵不淫,高风亮节,永垂千古。"20世纪30年代,她在白色恐怖笼罩的上海,面对国民党特务的威胁毫不退缩地坚持斗争,就是她高贵品德的光辉体现。

1927年大革命失败后,宋庆龄坚定地与国民党左派和中国共产党人在一起,多次发表通电、声明,揭露蒋介石、汪精卫之流对孙中山的"联俄、联共、扶助农工"三大政策的背叛行径,决心继承孙中山的遗志,"踏着革命者的足迹继续前进"。

当年,她为了探求中国革命的胜利道路,前往苏联访问。1929年5月回国参加孙中山奉安大典后,拒绝她的妹妹、蒋介石夫人宋美龄的劝说,不与国民党政权合作,并通电谴责蒋介石政权的倒行逆施。她坚定表示:"我一定要表明自己的信念,至于我个人会遭到什么后果,完全无关紧要。"当恼怒的蒋介石派戴季陶对她劝诱和威胁时,她不为所动,回答说:"使我不说话的唯一办法,只有枪毙我,或者监禁我。"不久,她转往欧洲。

1931年8月,宋庆龄为母奔丧回国,从此长期居住上海,与帝国主义和国民党反动派作不妥协的斗争。同年11月,她前往南京营救被监禁的革命战友、国民党左派组织"国民党临时行动委员会"(又称"第三党")负责人邓演达,会见了蒋介石,当得知邓演达已被提前杀害,顿时怒不可遏,一手掀翻了茶几,愤然返回上海,于12月19日发表声明,重申自己的政治主张,认为国民党已灭亡,只有"中国共产党无疑地是中国内部革命力量中最大的动力"。从此,她全力支持中国共产党人的斗争。

1932年12月,宋庆龄与蔡元培、鲁迅等人组织成立中国民权保障同盟,反对国民党制造的白色恐怖,争取政治解放和民族解放。1933年3月,国民党逮捕了工人运动领导人廖承志、罗登贤和红军将领陈赓,她立即发表声明《告中国人民——大家一致起来保护被捕的革命者》,并积极奔走营救,到南京面斥蒋介石想杀害救过自己性命的陈赓是忘恩负义的无耻行为。廖承志被释、陈赓获救后,她不遗余力地为营救罗登贤和另一位工人运动领袖邓中夏、共产国际代表牛兰夫妇等人而抗争。因此,蒋介石视宋庆龄为眼中钉,恨之入骨,指派复兴社特务对她的寓所进行监视,并不断打电话或写信去威胁和侮辱她。1933年6月,反动特务在她寓所附近暗杀了民权保障同盟总干事杨杏佛(杨铨),并给她寄去了一颗子弹,想以此警告她,打击民权保障同盟。但她毫不畏惧,予以有力回击:"这批人和他们所雇用的凶手以为单靠暴力、绑架、酷刑和暗杀就可以把争取自由的最微弱的斗争扼杀","但是,我们非但没有被压倒,杨铨为同情自由所付出的代价反而使我们更坚决地斗争下去"。她在毫无防卫的情况下,亲往参加杨杏佛的丧礼,表现出革命家的大无畏精神。复兴社特务见恐吓没能使宋庆龄退缩,

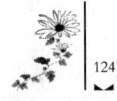

威武不屈

又使出种种诡计,派人打入她的家中,试图收买她的佣人,但都由于她的沉着坚强和高度警惕而使敌人的种种诡计化作泡影。后来,特务们又制定了一个毒辣计划,想制造车祸使她致残,只因害怕引起全国性甚至世界性的抗议怒潮而未敢付诸实施。而宋庆龄的革命意志更加坚定,斗志更加旺盛。她认为"中共是中国继续革命唯一的领导力量",与共产党并肩战斗在一起。在中共中央领导机关撤出上海后,她的寓所成了隐蔽在上海的党的负责人相互联系、上海党组织同苏区以至共产国际联系的重要通道。

宋庆龄拥护中国共产党"八一宣言",支持学生救亡运动和全国各界救国联合会的活动,在1937年7月带头掀起"救国入狱"运动,营救被国民党当局关押在苏州监狱、主张抗日救国的"七君子",在全国引起强烈反响。在抗日战争、解放战争、社会主义革命和建设时期,她始终为中国共产党领导的革命和建设事业孜孜不倦地奋斗,作出了独特而又重大的贡献,直至1981年5月29日心脏停止跳动。

宋庆龄生前一直有加入中共的夙愿,1981年5月15日中共中央政治局一致通过接收她为中国共产党正式党员,同时建议授予她中华人民共和国名誉主席的荣誉称号。5月16日邓小平前去看望时向她表示祝贺。她被国际上公认为20世纪最伟大的女性。

邓颖超在《向宋庆龄同志致崇高的敬礼》一文中写道:"宋庆龄这个名字,象征着辛亥革命以来70年革命的历程。你是一颗闪耀着革命光辉的、灿烂的巨星,永放光芒。你将成为万代的楷模","周恩来同志曾称你为'国之瑰宝',你是当之无愧的"。

(汪泗淇)

从容就义瞿秋白

1899年,瞿秋白出生在江苏省常州一个没落的书香门第。1917年,他考入北洋政府外交部办的俄文专修馆读书。1919年,五四运动时参与领导北京的学生爱国运动。1920年去苏联,并在第二年参加了共产国际第三次代表大会,会见过列宁。1922年,他加入了共产党,不久,就回国成为中国共产党领导人之一。他从一介书生成长为革命领袖,并曾主持八七会议,实现了党的历史上的重大转折。1931年1月在中共六届四中全会上受到王明等的打击,被排斥于中央领导之外。此后在上海同鲁迅合作领导左翼文化运动,留下了他的贡献。

1933年瞿秋白从上海进入中央苏区任中央工农民主政府人民教育委员,1934年秋红军长征时,瞿秋白被留下负责中央分局的宣传工作。1935年2月,组织批准他经福建去香港或上海就医。分局书记项英派便衣队护送瞿秋白等由闽西突围,想从那里化装去上海。2月24日,瞿秋白一行来到闽西地区,遭遇水口镇一带的保安团截击,瞿秋白因有严重肺病无力奔跑被俘。起初,任凭敌人拷问,他伪称自己是被红军俘去的医生,名叫林琪祥,并寄信给上海鲁迅、周建人,让他们出面保释。后来敌人从携带的物品上怀疑瞿秋白是红军的重要人物。4月下旬他作为怀疑对象被押往长汀国民党三十六师师部。在审讯中瞿秋白拒不吐实,敌人利用叛徒郑大鹏(原为教育人民委员会收发员)出面指认,这时瞿秋白坦然一

笑说:"我就是瞿秋白,我的事你们都明白了,不必再问。"

6月2日,蒋介石电令将瞿秋白"就地枪决,照相呈验"。这时陈立夫策划了一次劝降活动,电令缓发。陈立夫派中统局训练科长王杰夫、干事陈建中赶到长汀说降瞿秋白。他们企图通过瞿秋白查明中共在上海、香港的组织关系和红军长征后在江西的"潜伏计划"。在几次谈话中,瞿秋白对涉及党的机密的问话均怒而不答;对于敌人提出的可不必发表声明和自首,只要答应到南京政府下属机构担任翻译托洛茨基著作的工作即可开释的要求严词拒绝;对敌人的以死威胁,他坦然以对;对借亲友之情的软化、动摇,他不为所动。敌人劝他效法叛徒顾顺章做个"识时务的俊杰",他厉声回答:"我不是顾顺章,我是瞿秋白,你们认为他那样是识时务,可是我情愿做个不识时务的笨人,而不愿做个出卖灵魂的识时务者。"由于瞿秋白忠贞不屈,严词拒绝敌人的劝降,国民党最高当局决定处决他。6月16日蒋介石的命令由蒋鼎文转给三十六师师长宋希濂。

6月18日,三十六师师部警卫森严。早晨8点,特务连连长廖祥光走进囚室,向瞿秋白出示了枪决他的命令。这时,瞿秋白正伏在桌上写诗,诗前小序云:"1935年6月17日晚,梦行小径中,夕阳明灭,寒流幽咽,如置仙境,翌日读唐诗,忽见'夕阳明灭乱山中'句,因集句得偶成一首":

夕阳明灭乱山中(韦应物)/落叶寒泉听不穷(郎士元)/已忍伶俜十年事(杜甫)/心持半偈万缘空(郎士元)。

他看了一下枪决命令,一边挥毫写诗,一边镇静地说:"人生有小休息,有大休息,今后我要大休息了。"这时,军法处处长传令催促起程,瞿秋白于是疾笔草书:"方欲提笔录出,而毕命之令已下,甚可念也。秋白有句:'眼底烟云过尽时,正我逍遥处。'此非词谶,乃狱中言志耳。秋白绝笔。"

写完后,瞿秋白整了整衣服,便随着廖祥光到中山公园凉亭前拍照。早已等在那里的三十六师官兵和新闻记者们见他来了,顿时鸦雀无声。瞿秋白信步走到亭子前,见那里放着四碟菜、一杯酒,便坐了下来,自斟自饮,与周围的人谈笑自若。喝完酒后,他被押到西门外罗汉岭下的一片草坪。在这两里多的路程中,他手夹香烟,顾盼自如,缓步而行,沿途还轻轻地唱着《国际歌》,并不时高呼"中国共产党万岁!""中国革命胜利万岁!"等口号。到达刑场草地,他盘膝而坐,点头微笑,说了一句:"此地正好,开枪吧!"此时,哨声落,枪声起,时年36岁的瞿秋白饮弹洒血,从容就义。

（薛正人）

夏明翰热血谱战歌

夏明翰的名字,因他那首"砍头不要紧,只要主义真"的就义诗而传扬天下。他的奋斗经历和威武不屈的品格,在中国革命的历史上写下了光辉的篇章。

夏明翰出身于湖南衡阳豪绅家庭,在五四风潮的影响下离家出走,1920年在长沙结识了毛泽东、何叔衡等人,1921年秋进入毛泽东创办的自修大学,不久加入中国共产党。这位冲出封建家庭的"夏府少爷",此后寄居陋巷,过着清贫的生活。据当时周围的人回忆,平时他戴着一副眼镜,乱发蔽面,总是抱着书本苦读,一见面就给人留下深刻的印象。

1923年自修大学被封闭后，夏明翰转而开展农民运动。1927年初，他去毛泽东主持的武汉中央农民运动讲习所，担任了全国农民协会的秘书长，并兼任毛泽东的秘书。同年夏天，国民党发动反共政变，夏明翰悲愤填膺，奋笔作五言诗一首："越杀越胆大，杀绝也不怕。不斩蒋贼头，何以谢天下。"表达了自己宁死不屈的精神。此时，夏明翰奉命任新改组的湖南省委委员兼组织部长。他带领一批红色暴动队的小伙子，以偷袭方式智取浏阳北圣仓的团防局，夺得四十多支步枪。

1928年初，中央调夏明翰到武汉参加湖北省委的领导工作。当时以瞿秋白为首的党中央想以武汉为中心发动"年关暴动"。夏明翰到武汉后，与中央派来的李维汉等商量，认为此事绝无成功的把握，根据实际情况决定取消暴动计划。当时白色恐怖笼罩着武汉，夏明翰全无惧色，仍奔走在各个秘密机关部署"停止年关暴动"计划事宜。

起初，夏明翰住在湖南商号，他发现已被武汉卫戍司令部盯上，便迁到东方旅社，与徐特立、谢觉哉、熊瑾玎等研究下一步工作。过了几天，谢觉哉突然通知说交通员宋若林已靠不住，夏明翰就迅速回到东方旅社收拾东西。当他正准备转移时，叛徒宋若林带着警探闯进了房间，夏明翰不幸被捕。

夏明翰被捕后，连续受到刑讯，他在拷打中只是怒斥审判官。回到牢房，他知生命将要结束，忍着伤痛用半截铅笔给母亲、妻子、大姐分别各写了一封信。在给妻子郑家钧的信上，他还留下了一个带血迹的吻印。被捕两天后即1928年3月20日清晨，夏明翰被带到汉口刑场，执行官问他有无遗言，他大喝道："有，给我纸笔来！"接着，他挥笔写下了一首五言诗：

砍头不要紧，只要主义真。
杀了夏明翰，还有后来人。

夏明翰壮烈牺牲了,这一正气凛然的就义诗,当时就被人称作热血谱写的革命战歌,激励了无数后人为崇高革命理想而前仆后继。

(薛正人)

二七英烈林祥谦和施洋

1923年2月1日,京汉铁路工人在中国共产党的领导下,在郑州举行京汉铁路工会成立大会,遭到北洋军阀吴佩孚的武力阻挠。总工会决定举行总罢工表示反抗,并将总工会移至汉口江岸办公。2月4日总罢工开始,全线各站工人一致行动,前后不到3个小时,客车、货车、军车一律停驶,长达1000余公里的京汉铁路顿陷瘫痪。2月6日京汉铁路工会江岸分会负责人林祥谦和法律顾问施洋带领江汉工人1万余人举行示威游行,高呼"全世界劳动者联合起来"、"打倒军阀"等口号。罢工开始后,帝国主义和北洋军阀加紧勾结,密谋屠杀工人。

林祥谦,福建闽侯人,1912年到汉口江岸铁路工厂当工人。1922年1月任京汉铁路江岸工人俱乐部干事,积极从事工人运动。同年夏加入中国共产党。不久任京汉铁路总工会江岸分会委员。施洋,湖北竹山人,字伯高。1917年湖北法政专门学校毕业,在武汉从事律师职业。1920年秋参加马克思主义研究会,1921年从事工人运动。

林祥谦

1922年6月加入中国共产党。后被聘为湖北全省工团联合会、京汉铁路总工会及江岸段工人俱乐部法律顾问,人称"劳工律师"。他们都是武汉工人运动的领袖,都被列入逮捕的"黑名单"。

湖北督军萧耀南首先下令逮捕了林祥谦。2月7日下午,敌人把林祥谦捆绑在江岸车站电线杆上。督军府参谋张厚生要林祥谦下达"上工"命令,遭林祥谦拒绝。张厚生命刽子手先砍一刀,然后再问道:"上不上工?"林祥谦仍高声回答:"不上!"张又命砍一刀,怒声喝道:"到底下不下命令上工?"林祥谦忍痛大呼:"上工要总工会下令的!但今天既然这样,我的头可断,工是不可上的!"张又命再砍一刀,此时鲜血溅地,林祥谦昏了过去。等他苏醒过来,张狞笑道:"现在怎样?"林祥谦切齿骂道:"现在还有什么话说,可怜一个好好的中国就断送在你们这班混账王八蛋的军阀走狗手里!"张大怒,未待林祥谦说完,立即枭首示众。林祥谦慷慨就义,时年31岁。与此同时有32名工友惨死在敌人的屠刀之下。

施洋

当晚,施洋回到家中,正在一楼卧室里烧毁一些重要文件,突然闯进十几个便衣警察,用手枪指着施洋,说警察厅长找他去有几句话说。开始他被关进汉口警察厅的一间小房子里,随后又押过江到湖北陆军审判处。2月8日下午,施洋在审讯室大义凛然地驳斥敌人说:"救国运动为合法行为,农工商学各界既然能先后参加运动,律师又为什么不可以参加呢?对于贫苦工人有诉讼事情委托我,在法律范围之内,本律师应有之职权,代拟诉讼或书状,有何犯罪之言!你们秘密逮捕我,侵犯我的自由,这是非法的行为,你们才是犯了法!"驳得敌人张口结舌。施洋又抗议说:"施洋没有犯法,就算是犯了法,但不是军人,不是江洋大盗,应由地方审判厅来处理,陆军审判处没有权力过问,这是你们首先乱了法,在法律上要负相当责任。"次日,施洋又草拟了一个约 2000 字的"供状",声明自己无罪。在狱中,施洋以惊人的毅力还写下数千字的《伯高狱中七日记》,详细记载了被捕的经过、狱中生活和反动派的残暴。他认为自己为执行法律而坐牢或被杀害,"就是求仁得仁"。

14 日,吴佩孚令湖北督军萧耀南:"不杀施洋,京汉路不能通车。"15 日 7 时,施洋被押到武昌洪山脚下。临行前,执法官问他:"要不要写家信?有没有遗嘱?"施洋声色俱厉地说:"中国就是我的家,我有什么信可写!只希望中国的劳动者早点起来,把军阀、官僚、资本家和你们这班替他们做走狗的人,一起食肉寝皮!"接着又慷慨激昂地说:"我不怕事,不怕死,堂堂做人,反对强暴,你们杀了一个施洋,还有千万个施洋!"执法官气急败坏地狂叫:"开枪!开枪!"施洋面对刽子手振臂高呼:"劳工万岁!"刽子手连忙开枪,施洋傲然屹立继续高呼"劳工万岁"壮烈牺牲。此时施洋年仅 34 岁。

林祥谦、施洋虽然牺牲了,但他们为了劳苦大众的利益,不怕牺牲、威武不屈的品德与江河同在,与日月同辉。

(薛正人)

无愧骄阳杨开慧

我失骄杨君失柳,杨柳轻飏直上重霄九。问讯吴刚何所有,吴刚捧出桂花酒。寂寞嫦娥舒广袖,万里长空且为忠魂舞。忽报人间曾伏虎,泪飞顿作倾盆雨。

这首为杨开慧而作的《蝶恋花》词,是毛泽东所有诗词中,最富

感情色彩的一首。杨开慧是位出身湖南著名学者之家的闺秀,不仅是一个贤妻良母,也是毛泽东早年革命活动的伴侣,同时还是中国共产党最早的女党员之一。她的坚贞不屈、壮烈牺牲为人们广为传颂。

杨开慧,号霞,字云锦。从外表看她是位很文静、贤惠的女子,其内心世界非常丰富,意志也异常坚强。1920年她与毛泽东结婚,1921年毛泽东参加党的一大返湘后,杨开慧便入了党,从此成为一个站在时代前列、信仰坚定的革命女性。当时,毛泽东的公开身份是湖南自修大学的主办者,杨开慧则任学联干事,在党内担任机要和交通联络。1923年后随毛泽东在上海、韶山、广州、武汉等地从事革命活动。她不仅一直照顾丈夫生活并抚养孩子,也帮助联络同志,还帮毛泽东找资料、抄文章,毛泽东早期的一些著作也凝集着杨开慧的心血。

大革命失败后,毛泽东奉命去湖南领导秋收起义,杨开慧回到长沙板仓从事地下革命斗争。1928年10月,杨开慧日夜怀念远在井冈山的亲人毛泽东,写了《偶感》诗一首:"天阴起朔风,浓寒入肌骨。念兹远行人,平湖突起波。足疾已否痊,寒衣是否备。孤眠谁爱护,是否亦凄苦。书信不可通,欲问无人语。恨无双飞翮,飞去见兹人。兹人不得见,惆怅无已时。"表达了对毛泽东的深切怀念之情(诗的原件残破,多缺字,整理者按原意补齐)。1930年夏,军阀何键到处搜捕共产党人及其家属。敌人的魔爪伸向了杨开慧的家乡。板仓一带到处张贴通缉毛泽东和朱德的布告,悬赏多少银元,还扬言抓不到他们两个,捉了毛泽东的妻子毛杨氏,也悬赏大洋一千。于是板仓一带的反革命势力倾巢而出。在地方党组织和人民群众的帮助下,杨开慧仍然无畏地奔走在板仓方圆几十里的地方,顽强地坚持党的工作。她常对战友和烈士亲属说:"共产党是抓不完的,坚决跟共产党走,革命到底,劳苦的人民一定有出头的一天!"1930年10月的一个夜晚,杨开慧深夜回到板仓,因为叛徒的出卖,被"铲共义勇队"逮捕,连同保姆孙嫂、8岁的毛岸英一并押往长沙。地方党组织闻讯,组织二十多名赤卫队员准备中途营救,由于狡诈的敌人改变了路线,致使营救没有成功。

杨开慧被捕后,几乎每天都被提去过堂,遭到皮鞭、木棍的毒打,打昏后又用凉水泼醒。一次,省清乡司令部执法处长李琼亲自审问,他问道:"你的丈夫毛泽东现在哪里?"杨开慧不假思索地回答:"他在井冈山!""毛泽东与你通信没有?"杨开慧直截了当地回答:"通讯自由,与你何干!""那么,共产党组织的名单呢?"杨开慧斩钉截铁地回答:"这是党的秘密,岂能出卖?!怕死不当共产党。你们要打就打,要杀就杀,要想我招供,妄想!"这时刽子手从后面窜出来,把一根碗口粗的杠子,踩在杨开慧的膝盖骨上,抽筋似的痛苦袭击着杨开慧,但她却咬紧牙关不吭一声。她回到牢房,和年仅8岁的毛岸英抱在一起,告诉他父亲一定会回来打"坏人"。她还对岸英说:"你长大后,要记住这帮坏人对妈妈的迫害,把这些情况告诉爸爸。"后来,曾任湖南省委书记的叛徒任卓宣向何键献策称:"杨开慧如能自首,胜过千万人自首。"于是,审讯官提出,杨开慧只要宣布同毛泽东脱离关系即可自由。杨开慧毅然回答:"死不足惜,惟愿润之革命早日成功。"

这时,杨母找到蔡元培等,请他们发电报保释杨开慧。军阀何键接电后,马上下令行刑,并回复蔡元培等诡称接到电报前已经处决。11月14日,杨开慧在长沙被杀害。此时在江西指挥红军反

"围剿"的毛泽东,得知杨开慧牺牲的消息,寄信给杨家说:"开慧之死,百身莫赎。"并寄款,以三个孩子的名义为杨开慧修墓立碑。

解放后,毛泽东仍常怀念杨开慧。1957年,他给故人柳直荀的遗孀李淑一回信时,写下了《蝶恋花·答李淑一》,称杨开慧为"骄杨"。对于女子的称呼本应用"娇"字,一次章士钊问"骄杨"何解,毛泽东说:"女子为革命而丧其元(头),焉得不骄?"

(薛正人)

龙华塔下双烈士

1927年7月4日深夜,在黄浦江畔的龙华塔下,一个革命志士被乱刀砍死。翌年6月6日,也是在这古老的龙华塔下,又有一个革命志士不幸遇难。在不到一年的时间先后牺牲的两位烈士,一位是陈独秀长子、曾任中共广东区委书记的陈延年;另一位是陈独秀次子、曾任中共北方区委组织部长的陈乔年。陈氏兄弟卓越的才能和坚贞不屈的品格永远铭刻在人们心中。

"五四运动总司令"、中共创始人之一的陈独秀,他与家乡的发妻高晓岚共育三子,长子延年,次子乔年,三子松年。延年、乔年稍长成,被陈独秀接到上海,陈独秀对儿子管教甚严,延年、乔年兄弟白天在外做工谋生,晚上寄宿在《新青年》发行厅地板上,面黄肌瘦。姨娘高君曼(又是后妈)见此为之落泪,想让两个孩子在家里食宿。陈独秀却说:"妇人之仁,虽是善意,反生恶果。少年人生,叫他自创前途。"此后,延年、乔年都进入震旦大学读书,陈独秀每月只支付5元的生活费。兄弟二人在父亲的熏陶与严格管教下，很早便自立，尔后去法国勤工俭学，与周恩来等一起参加中共旅法组织。回国后，兄弟二人都成了中共中央委员。在党的会议上父子三人以"同志"相称，不论父子之情。

1924年11月，陈延年任中共广东区委书记，次年参加领导了省港大罢工，他以自己的卓越才能在中国乃至国际工人运动史上写下了光辉的一页。"四·一二"政变后，陈延年被任命为浙江区委书记、江苏省委书记。由于蒋介石在江浙和上海地区疯狂"清党"，上海党和工会组织受到严重破坏。陈延年和赵世炎等在极端险恶的环境下，为迅速恢复组织和活动，不分日夜地紧张工作着。

陈延年

6月26日下午，新成立的江苏省委领导人在上海恒丰里104号开会研究工作，反动军警突然包围了会场，陈延年、郭伯和以及韩步先等4人与敌人展开搏斗，因寡不敌众，最终全部被捕。

陈延年被捕后，化名陈友生，自称是受雇于人的茶房，并没有暴露身份。后因吴稚晖的告密和韩步先的叛变，终于暴露身份。陈延年自知不免于难，但他视死如归，毫无惧色，继续顽强与敌人作斗争。敌人用尽各种酷刑，妄图迫使他出卖党在上海的各级组织。他被折磨得体无完肤，但始终坚贞不屈。敌人见他如此坚强，又知道他在广东工作时威震全国，在他被捕的第九天，即将他秘密押赴龙华刑场。他昂首挺胸，镇静自若。行刑时，刽子手要他跪下，他蔑视敌人的号叫，昂然屹立。刽子手上前强力将他按下，但当刽子手松手挥刀欲砍时，他突然一跃而起，吓得敌人目瞪口呆。刽子手恼羞成怒，一拥而上，把他强按在地，在敌人的乱刀之下他

壮烈牺牲,时年29岁。他那临死不屈、顶天立地的英雄气概,使日月为之惨淡,山河为之呜咽。

陈乔年与其兄陈延年,从童年起就生活、学习、战斗在一起,直到从国外归来才分手,他俩所走的道路几乎是完全相同。1924年冬,中共北方区委成立,李大钊任区委书记,陈乔年任组织部长,年仅22岁,是北方区委领导成员中最年轻的一个。"五大"之后,陈乔年被留在武汉任中共中央组织部长。大革命失败后,当他听到李大钊、陈延年等牺牲的噩耗,异常悲愤。1927年冬,他

陈乔年

奉调上海,任中共江苏省委组织部长,他和省委书记王若飞为重新积蓄革命力量而忘我工作。1928年2月26日,江苏省委在上海英租界刺绣女校秘密召开各区组织部长联席会议。由于叛徒告密,敌人突然包围会场,陈乔年等11人全部被捕。

陈乔年等被捕后,当日拘禁在英租界拘留所,次日被引渡到龙华看守所,关押在天字监1号。他明知既入虎口,势难生还,以兄长为榜样,临危不惧,与敌人展开顽强斗争。开始,他化名王某,敌人弄不清他的身份,叛徒也不认识他,后因战友的身份暴露而为敌人发觉。关押期间,他多次被敌人严刑拷打,他总是咬紧牙关,横眉冷对。敌人准备加害于他,大家为之难过,他却乐观地说:"让子孙后代享受前人披荆斩棘的幸福吧!"6月6日,他在上海龙华枫林桥畔被害,时年26岁。同时遇害的还有郑复他、许白昊等人。

陈延年、陈乔年不屈就义,为父终生伤感。抗战爆发后,国民党想拉陈独秀出来任职,得到的回答是:"蒋介石杀了我那么多同志,还杀了我两个儿子,我与他不共戴天。"

(薛正人)

为革命死又何妨的王步文

在中国共产党领导人民浴血奋战的年代,在党的队伍里涌现出一批勇于舍身取义的英烈。昔日皖江地区有一位有着铁一般意志的革命者,在革命处于低潮时,传播革命火种,最后壮烈牺牲在家乡的土地上。他就是中共安徽省委第一任书记王步文。

王步文,字伟模,又名自平、朱华、王华,安徽岳西人。1918年考入安庆六邑中学,五四运动爆发后,在高语罕、恽代英思想的影响下,积极投身爱国运动"为挽救危若卵石的中国"。期间,他被推选为六邑中学学生代表、安庆学生联合会委员,他表示"予决不以一败而心冷,再败而心灰,终必达其志而后已"。1923年,王步文加入中国社会主义青年团,同年转入中国共产党。1924年入上海大学学习。1925年赴日本留学,任中共旅日总支部委员。1927年2月回国,在国民党上海市党部任组织部长。"四·一二"反革命政变后,他到了武汉,任中共安徽省临时委员会委员。

1927年8月,安徽临委由汉口迁至芜湖。当时皖江一带党组织破坏十分严重,眼看革命的烈火行将熄灭,王步文便回到安庆,联络党员,恢复组织,传达中央八七会议精神,重播革命火种。在他的艰苦卓绝努力下,新成立了怀宁中心县委,接着桐城、潜山、太湖、宿松、望江等地党组织相继恢复,农民运动再度兴起。12月初,国民党潜山县长借故逮捕了中共潜山特支书记余大化和县农会秘

书范笑山。王步文得悉,与王效亭等连夜赶至梅城,在城外翠云庵召开紧急会议,决定发动暴动,武装劫狱,营救余大化、范笑山。12月8日,王步文和王效亭带领一千余名手持秧叉、梭镖、大刀的农民涌进县城,包围了潜山县政府,发动了皖江地区著名的"一二·八"暴动。这次暴动虽然失败了,但锻炼了队伍,积累了经验,为以后震惊全省的"请水寨暴动"打下了基础。

1929年3月,王步文调任中央巡视员,继续留在皖江地区恢复和发展革命武装力量。1931年2月15日,中共安徽省委正式成立,王步文代理省委书记,3月任省委书记。正当安徽全省工作顺利开展的时候,4月6日由于叛徒告密,安徽省委机关遭到破坏,王步文在芜湖柳春园不幸被捕,次日押往安庆。国民党省主席陈调元亲自找他谈话,许以高官厚禄,妄图收买,王步文回答道:"你看错人了,我虽然身陷囹圄,但存一腔正气……你们用不着演戏了,要杀要剐随你们便吧,我王步文是绝不会屈服的。"接着,他们又指使叛徒高翔出面劝降,王步文拒绝见面。后来高翔化名探监,当王步文拖着沉重镣铐走出牢房,一看是高翔,顿时怒火万丈,连声大骂:"无耻叛徒,你还有脸来见我!"举起带镣铐的双手欲痛击叛徒,叛徒赶紧溜走。敌人见王步文不吃这一套,立即露出凶残的本相,使用了钉竹签、上老虎凳、灌煤油、香火烧、铁链烙等酷刑。王步文的皮肉烧焦了,筋骨打断了,但他始终义正辞严不屈服。敌人无可奈何,最后只好以死来威胁他。对此,王步文早有预料,坦然面对。他对难友们说:"不要为我难过,我们在为广大人民群众争自由,我们的死,正是为了广大人民能活下去。让我们用自己的鲜血去浇灌自由之花吧!"接着他给自己写了一幅自挽联:

是革命家,是教育家,怀如此奇才,生而无愧;
为革命死,为大众死,仗这般大义,死又何妨。

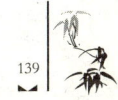

临刑前,他还从容地给爱人写了亲笔信:"我为革命死了,你不要悲哀,不要难过,应抚养爱生,以继予志。"5月31日晨,王步文被押赴安庆北门外刑场。面对凶残的敌人,大义凛然,神态自若,高呼:"打倒新军阀蒋介石!""中国共产党万岁!"直至就刑方息,时年33岁。

(薛正人)

豪情楚囚恽代英

"留得豪情作楚囚",是一个共产党人在牢房里写的一首七绝诗中的一句。这句诗,表现了坚贞不屈、视死如归的精神。他就是中国共产党早期著名的青年运动领导人恽代英。

恽代英,字子毅,江苏武进人,生于湖北武昌。1920年参与创办利群书社,从事马克思主义的宣传,探求解放中国的道路。在这期间,他和肖楚女等发起组织了中国社会主义青年团。1921年,他加入了中国共产党。

1927年4月,恽代英当选为中共五大中央委员,在第一次国内革命战争失败后,参与领导南昌起义和广州起义。1928年7月,恽代英奉命调到上海党中央工作,担任中共中央宣传部秘书长,主编党刊《红旗》。为了在工人中开展工作,他经常穿着破旧短衫,赤脚穿着破皮鞋,住在贫民窟里。当时,中国革命处于低潮,中共中央领导人盲目发动大规模群众运动,1930年上海工人五一游行、罢

工,损失很大。对此,恽代英心中十分痛苦,他对妻子说:"有的人冲昏了头脑,把群众推进冒险主义的血海,我不能力挽狂澜,只能献身堵口。我不入地狱,谁入地狱?"

5月6日,恽代英在杨树浦老怡和纱厂门前等人联系工作,突然遇到敌人。恽代英深度近视,这天因为要化装成工人模样而没有戴眼镜,等到他发现有情况,已经来不及躲避了。敌人从他身上搜出眼镜、自来水笔、手表和传单,便将他押进了巡捕房。

敌人三番五次毒打恽代英,要他说出真实身份和传单的来源。但恽代英只说自己叫王作林,是武昌电话局的失业职员。敌人问他住在什么地方,他随口说,住天鸿运旅馆40号房间。当晚巡捕前去查问,发现不对,回来又将他毒打一顿。

次日,恽代英被引渡到国民党上海警备司令部龙华看守所。由于他已被打得遍体鳞伤,面部浮肿,又没戴眼镜,看守所内无人认得出他。敌人用严刑拷打,也逼不出他的口供,只好以"煽动集会"的罪名,判他5年徒刑,转押到漕河泾监狱。8月27日,被改押到苏州监狱。第二年2月又转押到南京,关在中央军人监狱。在这里,恽代英写了一首七绝,抒发自己的革命豪情:

　　浪迹江湖忆旧游,故人生死各千秋。

　　已摈忧患寻常事,留得豪情作楚囚。

为了营救恽代英,周恩来、瞿秋白作了艰苦的努力,眼看恽代英有提前出狱的希望了,他们要恽代英的妻子先去探监,把消息告诉恽代英。当恽代英脸色蜡黄、拖着镣铐出现在探监的小窗口时,妻子再也忍不住了,泪如雨下。妻子走后,恽代英计划了出狱后的工作。正在这时,中央出了叛徒顾顺章,将恽代英出卖了。

1931年4月28日,军法司司长到监狱提审恽代英,他掏出恽代英在黄埔军校时的照片,劝恽代英不必再隐瞒身份,尽快投降。

恽代英坦然地说："是的，我就是恽代英。"对军法司司长的劝降，他坚决拒绝了。蒋介石劝降不成，便亲手下令：立即就地枪决。

到了刑场，前来监刑的军法司司长喊道："恽代英跪下受刑！"恽代英回答道："共产党人从来不下跪！"枪声响了，他仍然屹立着，高呼"中国共产党万岁！"随着又是几声枪响，他才倒下。恽代英为中国人民的解放事业献出了青春和生命，牺牲时年仅 36 岁。

（薛正人）

正气浩然方志敏

读过《可爱的中国》这本书的，都会被作者真挚的爱国热情所感动，进而会对作者肃然起敬。这本书的作者，就是在北上抗日途中牺牲的民族英雄方志敏。

1899 年，方志敏出生于江西省弋阳县的漆工镇。进过私塾读书，因为家境不好，读书时还放牛、捡粪、背柴。1923 年，方志敏加入共产党，从事农民运动，曾任江西省农民协会主席。1927 年夏，国民党反共后，方志敏回家乡弋阳县，以"两条半枪"起家，在弋阳、横峰发动数万农民于 1928 年初举行暴动，创建了赣东北革命根据地和中国工农红军第十军，历任江西省委书记、省军区司令员、红十军政委。

1934 年末，方志敏接到中央命令，要他率领以红十军团为主的红军抗日先遣队北上进入皖南，以掩护中央红军向西长征。红十军团一万余人，孤军进入皖南后，遭遇围追堵截，有耗无补，损失极

大。1935年初,部队折返皖赣边界,遇敌拦截被冲为两段。当时,方志敏带领前卫八百余人已冲出包围,见大部队未跟上便要返回。参谋长粟裕要方志敏先去赣东北苏区,他带人回去接应。方志敏却下令粟裕和突围部队先行,自己率十余人趁黑夜潜入包围圈,找到大部队,立即组织突围。后来队伍再度被敌军打散,方志敏藏进柴洞,不幸被敌搜出。敌士兵以为方志敏是个大官,身上一定有钱,他们用刺刀把方志敏衣服上的补丁一块一块割开,结果一无所获。

  方志敏被关押在南昌的军法看守所。不久,敌人就派他的几个同乡,带了点心来劝降。方志敏根本不听那套劝说,将他们带去的点心、水果统统扔了出去。见此情形,军法处副处长只好亲自出马劝降。有一天,方志敏被带进刑讯室,副处长见面便说:"方先生,委屈啦!不过,你们既然已经失败到这个地步,何必还固执?还是投降吧!"方志敏说:"不,我们主力红军并没有失败,我们的革命一定会成功的!""不管怎样,兄弟看你是条好汉,还是到我们这边来做事吧!"方志敏鄙夷地说:"哼!我能做什么事?""你能,我们都知道,上面也知道!"副处长凑近轻声地说:"兄弟老实对你说了吧,上面要收拾残局,想借重你方先生!"方志敏哈哈大笑,转而坚定地说道:"共产党人是信仰共产主义的!"副处长接过来说:"嘻嘻,共产党人都信仰主义?未必尽然吧!我看,大部分不过是盲从。就算深信,你们的主义会不会成功呢?人生在世,公私两面都要顾啊!忘了个人,那不能算是聪明人吧!"方志敏冷笑一声道:"我生为革命生,死为革命死。朝三暮四没气节的人,我方志敏是不做的!"副处长劝说了半天,方志敏却毫不动摇,只好叫人把他带回牢房。

  敌人诱降失败后,就开始用残酷的手段折磨方志敏,而他始终保持"威武不能屈,富贵不能淫"的气节。他自知敌人迟早要加害于他，不顾一切，用国民党送来让他写交代的纸笔，先后写出了《清贫》《可爱的中国》《狱中纪实》等作品，并秘密托人通过鲁迅等关系转给了党组织。为了实现消灭共产党的梦想，蒋介石亲自出面劝降，方志敏则表示："为着共产主义牺牲，为着苏维埃流血，那是我十分情愿的啊！"7月的一天清晨，方志敏被带上刑场，执行官上前作最后一次劝降，他说："方先生，蒋委员长想重用你，你为什么这样固执呢？"方志敏毫不动摇地回答："我和他势不两立！"执行官摇摇头轻声说："执行！"方志敏壮烈牺牲，时年35岁。后来叶剑英写了一首赞诗：

血战东南半壁红，忍将奇迹作奇功。

文山去后南朝月，又照秦淮一叶枫。

（薛正人）

叶挺大义凛然书"囚歌"

叶挺是中国革命史上的名将，他的传奇人生，他为中国革命创下的丰功伟绩和他威武不屈的崇高气节永世流芳。

叶挺，原名为询，字希夷，1918年毕业于保定陆军军官学校，曾任孙中山大本营警卫团营长。1923年陈炯明叛变时，他手持一挺机枪杀出一条血路，保护孙中山夫妇脱险。1924年赴苏联，先后在东方大学和红军学校学习，次年加入中国共产党。北伐时期，他率独立团作先锋，先后参加攻克平江、汀泗桥、贺胜桥、武昌城等战役，

连战连捷,从团长被破格提升为少将,成为举世闻名的北伐名将,所部被称为"铁军"。

大革命失败后,他先是参加领导了八一南昌起义。不久,又参与领导了广州起义,起义失败后,流亡国外,与中共组织失去联系。1937年抗战爆发,他马上赶到延安,受到中共中央领导人的热烈欢迎。由中共与国民党当局商定,叶挺以非中共党员的身份担任由南方八省红军游击队改编成立的新四军军长,坚持华中敌后抗战,多次粉碎日伪在皖南地区的扫荡。1941年1月,国民党顽固派悍然发动了震惊中外的皖南事变。军长叶挺率军血战,终因寡不敌众,未能突围。最后叶挺奉命去与国民党顽固派谈判时,被非法扣留,开始了漫长的"囚徒"生涯。

开始,叶挺被囚禁在上饶,国内反应对蒋介石大为不利。为避开舆论的锋芒,蒋介石秘密地把叶挺解往桂林,关押在七星岩的一个山洞里。他为表示抗议拒绝理发。一年多后,蒋介石认为他尝够了苦头,可能会被软化,下令押解到重庆。叶挺下飞机时头发胡子都很长,手持一盏油灯。别人问白日为何举灯,叶挺回答说天还未明。对国民党的黑暗予以辛辣的讽刺。在重庆他被囚禁于军统特务杨清植的公馆。他见到陈诚,只提了一个要求:"恢复新四军,让我去当军长。"别的什么都不说了。说降不行,蒋介石想利用亲情软化他,同意他的好友李济深派人把叶挺夫人李秀文护送到重庆,让他们夫妻团聚。蒋介石以为这下叶挺会感激他了,谁知叶挺还是那句老话:"恢复新四军,让我去当军长。"蒋介石无可奈何,只好把叶挺押到湖北恩施交给陈诚,幻想陈诚有一天能让他回心转意。

在湖北恩施期间,陈诚曾要叶挺接替自己,出任国民党第六战区司令长官,仍遭拒绝。叶挺不愿意呆在恩施,要求换个地方,不然要以死明昭天下。蒋介石无奈,恰逢李济深多次要求"看管"叶挺,只好再次把叶挺押到桂林,囚禁于李济深家。叶挺深知蒋介石为人,担心连累了李济深,不久就搬到了八九里外的观音岩住。1943年12月5日,由于叶挺参加了柳亚子母亲的祭奠活动,蒋介石大发脾气,立即指使特务秘密把叶挺绑架押往湖北恩施,在那里又囚禁了两年多。日本投降后,蒋介石下令将其押回重庆,囚禁在渣滓洞中美合作所白公馆。叶挺军长对敌人的威胁利诱全然不理,于渣滓洞集中营二号牢房壁上,大书一首《囚歌》以表心志:

为人进出的门紧锁着/为狗爬出的洞敞开着/一个声音高叫着——爬出来吧,给你自由/我渴望自由/但我深深地知道——人的身躯怎能从狗洞里爬出/我希望有一天地下的烈火/将我连这活棺材一齐烧掉/我应该在烈火与鲜血中得到永生!

叶挺军长《囚歌》所表现的革命情操,气冲霄汉,光昭日月。

1945年国共两党和谈,在中共努力下,1946年3月4日,叶挺获释,结束了他五年多的"囚徒"生涯。出狱的第二天,叶挺便致电中共中央请求再次入党,两天后得到批准。不幸的是,4月8日,叶挺自重庆去延安,因飞机在大雾中撞山遇难。同机遇难的还有王若飞、秦邦宪、邓发等中共领导人。1955年中国人民解放军授衔时,陈毅对叶剑英感叹地说:"若叶挺同志还在,就该有两个叶帅了!"

(薛正人)

陈毅预立遗诗《梅岭三章》

在老一辈革命家中,陈毅不仅是个从容指挥千军万马的元帅,也是个豪情盖世的诗人。

1934 年,红军主力长征时,带伤的陈毅留下来与项英等一起领导南方游击战争。陈毅毫无怨言,他请周恩来转达他对毛泽东、朱德的问候。红军主力转移后,陈毅首先发表布告,坚定苏区人民的信心。他当时主张承认失败,政治上要坚强而不是悲观,军事上要化整为零,开展游击战,做好坚持长期斗争的准备。敌人派飞机撒传单,悬赏 5 万元抓陈毅。有些变节分子带敌军残杀工农,血洗苏区。面对敌人的大规模"清剿",中央分局决定让被围困在于都的 19 个团分路突围,许多部队突围失败了,损失很大。陈毅、项英仅率一个营突围,不幸在会昌天门嶂山区被打散,最后只剩下七八个人。危急关头,绝处逢生,遇上了代英县原县委书记曾纪才,他带着陈毅等人昼伏夜出、历经千辛万苦,终于到达陈毅熟悉的油山游击区。突围的一千八百多人,到此只剩下三百多人。敌人为了彻底消灭陈毅等领导的红军南方游击队,想出了各种办法。他们采取断绝粮食、严密封山、散布谣言等手段,使斗争环境变得极其复杂险恶。敌人到处造谣,说油山游击队不是朱毛红军,是朱毛不要的土匪。

陈毅和游击队员在深山老林风餐露宿,每人只有一条毯子,遇上大风大雨大雪,冻得打颤。没有粮食,他们就吃野菜、吃梅子、吃蛇,他们还打趣地说这是"靠山吃山"。陈毅多次遇险。有一次,他下山与中央来人联络时,发现交通站出了叛徒,便迅速撤离,结果被敌人围困在梅山林莽之中达 20 多天,忍饥挨饿,九死一生。他甚至以为这次大概难以脱险,遂写下了有"绝笔"之意的《梅岭三章》,表现了一个革命者视死如归、大义凛然的气概。

　　断头今日意如何?创业艰难百战多。
　　此去泉台招旧部,旌旗十万斩阎罗。

　　南国烽烟正十年,此头须向国门悬。
　　后死诸君多努力,捷报飞来当纸钱。

　　投身革命即为家,血风腥雨应有涯。
　　取义成仁今日事,人间遍种自由花。

　　1937年,全面抗战开始后,陈毅出山,南方游击队改编为新四军,他率部挺进抗日前线。

　　新中国成立后,陈毅任上海市长,1954年担任国务院副总理,后又兼外交部长。"文化大革命"中,他光明磊落,无私无畏。在天安门上两次与毛泽东意见相左,毛泽东爽朗地说:"你就是第三次反对我,我也同你合作!"如果明哲保身,以他过去的战绩以及同毛泽东的特殊交情会平安无事,然而,他心直口快,一再公开"放炮"。在一次会上,他愤怒地说:"有人说我陈毅又跳出来了。对!快要亡党亡国了,这时不跳,更待何时!"虽然他明白这样做可能危及身家性命,但他仍向红卫兵公开宣布——"我的讲话可能触犯一些人,我个人可能惨遭不幸,但是,如果我因此不敢讲自己的意见,我这个共产党员就一钱不值!"果然,陈毅后来被打成"二月逆流"的主将,但他得到了党和人民的充分信任与深深的尊敬。

　　陈毅一生中,表现出坚强的革命意志,敢于血战到底的精神,以及他勇于仗义执言、无私的品格,给中华民族留下了一份最宝贵的精神财富。

(薛正人)

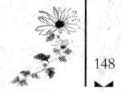

视死如归刘胡兰

1947年1月12日,15岁的女英雄刘胡兰面对屠刀,慷慨就义。半个世纪以来,其威武不屈的精神仍令世人高山仰止。

刘胡兰,原名刘富兰,山西文水县人。8岁上村小学,10岁起参加儿童团。1945年10月,刘胡兰参加了中共文水县委举办的"妇女干部训练班"。学习月余,回村后担任了村妇女救国会秘书。1946年5月,刘胡兰调任第五区"抗联"妇女干事;6月,刘胡兰参加了中国共产党,并调回云周西村领导当地土改运动。村农会秘书石五则,因包庇地主段二寡妇,受到刘胡兰的批评,后来区党委给了石五则撤销职务和开除党籍的处分,石怀恨在心。伪村长石佩环为阎锡山部队派粮派款,递送情报,为村里一害。同年12月21日,刘胡兰配合区长陈德照和武工队员将其处死。

消息传开,驻扎在大象镇的阎锡山七十二师二一五团一营的头目恼羞成怒,决定实施报复行动。1947年1月12日,他们突然袭击云周西村,刘胡兰等人因叛徒石五则告密而被捕。在村南大庙前,刘胡兰镇静地把奶奶给的银戒指、八路军连长王本固送的手绢和作为入党信物的万金油盒——三件宝贵的纪念品交给继母胡文秀后,被气势汹汹的敌人带走。

敌人在大庙审讯刘胡兰,没有从她的口中得到任何东西,敌人利诱她自首,她回答说:"给我一个金人也不自首。"刘胡兰在威逼

利诱面前不为所动,因而被押到大庙前的刑场,刘胡兰高呼:"怕死不当共产党!"敌人当着刘胡兰面残酷地铡死了石三槐等6人。刘胡兰怒问:"我咋个死法?"刽子手喝叫"一个样"后,她昂首挺胸,走到铡刀面前躺在刀床上。在血淋淋的铡刀落下的一刹那,紧紧抱着二女儿刘爱兰的胡文秀昏倒过去,村人无不悲愤落泪。

1947年2月,山西《晋绥日报》连续两天刊登刘胡兰英勇就义的消息,使一个宁死不屈的女共产党员的名字在华北大地不胫而走。3月26日,毛泽东为刘胡兰亲笔题词:"生的伟大,死的光荣!"以此激励全党和全体解放区人民去英勇奋斗以赢得战争的胜利。

1957年,文水县人民政府在刘胡兰牺牲的地方兴建了纪念馆和烈士陵园,人们从四面八方来到这里,瞻仰、凭吊这位女英雄。

(薛正人)

傲雪红梅江竹筠

在革命斗争年代牺牲的诸先烈之中,有这样一位女性,不管老人还是孩子都尊称她为"江姐"。她真实姓名叫江竹筠,人们赞颂她是一枝傲雪的红梅。

江竹筠,四川自贡人,1920年出生,原名竹君,曾用名志炜。从小当童工,长大边做工边读书,1939年考入重庆的中国公学,秘密加入了中国共产党。1943年4月,党组织派她配合地下党、重庆市委领导人之一的彭咏梧开展工作,主要任务是负责通信联络。后来两人结为夫妻。1944年江竹

筠考入四川大学农学院植物病虫害系,翌年转入农艺系。1947年春,中共重庆市委创办《挺进报》,江竹筠具体负责发行工作,仅几个月的时间,报纸就发行到一千六百多份,引起了敌人的极大恐慌。同年秋,彭咏梧、江竹筠夫妇奉中共南方局的指示赴川东打游击。翌年春节前夕,彭咏梧在战斗中壮烈牺牲,头颅被敌人割挂在城门上示众。江竹筠路过城门时突然看到这一情景,心如刀绞,为防旁边的敌人发现,她强力克制自己,表现出镇定。此后,她继续战斗在川东的门户万县一带。

1948年4月,《挺进报》的发行机关被伪装进步的特务打入,以顺藤摸瓜的方式破坏了重庆市委。6月间,江竹筠被逮捕。在押往重庆的码头途中,她碰巧遇到了已经成了叛徒的原中共川东地委书记涂孝文,立即机智地大声呵斥叛徒,使得叛徒无法再伪装害人。江竹筠被送到重庆的"中美特种技术合作所"的"渣滓洞"监狱后,惨遭手指钉竹签等毒刑的残酷折磨,仍然坚贞不屈,她说:"严刑拷打算不了什么,竹签是竹子做的,而共产党员的意志是钢的。"在监狱中,她积极领导难友同敌人展开坚决的斗争。1949年秋,她利用一个难友出狱的机会,事先用竹签蘸着棉花灰兑水调成的"墨汁",给同样是共产党员的哥哥江竹安写了一封信:"假如不幸的话,云儿(指儿子彭云)就送给你了,盼教以踏着父母之足迹,以建设新中国为志,为共产主义革命事业奋斗到底。"

1949年11月14日,四川解放前夕,江竹筠被特务秘密枪杀,然后用镪水毁尸灭迹,时年39岁。

江竹筠牺牲后,她的英雄事迹广为流传,以她的事迹为题材的长篇小说《红岩》、歌剧《江姐》激励着千千万万读者和观众。一曲《红梅赞》歌,回荡在神州大地,经久不衰,影响了几代人。

(薛正人)

为民主献身的李公朴

李公朴是位著名的社会教育家，进步的出版者，也是一位大无畏的民主斗士，最终为争取和平民主的新中国，面对敌人的枪口作殊死斗争，献出了自己的生命。

李公朴原名永祥，江苏扬州人，后改名公朴。20世纪30年代，他在教会学校因成绩优秀被推荐去美留学，归国之后，他没有按照美国教会的安排，也没有接受国民党当局的拉拢，而在抗日救亡高潮的鼓舞下，参加了救亡工作。1935年5月，李公朴与沈钧儒、邹韬奋等人在上海发起成立"全国各界救国联合会"，要求国民党停止内战、释放政治犯并与红军议和，建立统一的抗日政权。由于国民党政府坚持国内战争，于1936年11月23日将沈钧儒、邹韬奋、李公朴、章乃器、王造时、沙千里、史良等七人逮捕入狱，震动全国，轰动世界，被称为"七君子事件"。直到翌年7月31日，蒋介石才释放他们出狱。

李公朴出狱后，立即投入抗日救亡中去。拥护中共全民抗日到底的主张，出版民主刊物，随后奔走于敌后、抗日前线，还于1939年两次访问延安。返回西南大后方后，他不断以自己的耳闻目睹，宣传介绍延安和晋察冀根据地欣欣向荣的情况。正是因为这样，他不断受到国民党当局的打击，被无理地解除了国民参政会参政员的职务。

"皖南事变"后，他来到昆明，住在近日楼边小胡同里的一间小楼上。国民党特务监视着他的行动，不准他随便离开昆明。李公

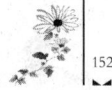

朴便办起了一所出版销售进步书籍的"北门书屋",并利用书店联络进步人士。1944年李公朴任民盟云南省支部执行委员,后任救国会中央委员、民盟中央委员。

抗战胜利后,李公朴到达重庆,积极投入新的民主运动。1946年1月31日,政治协商会议通过"五项决议",否定了国民党的独裁专制。2月10日,"陪都各界政治协商会议协进会"所属的23个团体联合发起在重庆较场口举行庆祝政协成功大会,国民党特务捣毁了会场,李公朴、郭沫若、章乃器、施复亮等六十多人被特务殴打,受了重伤,史称"较场口事件"。当周恩来代表中国共产党到医院表示慰问时,李公朴忍着剧痛对周恩来说:"为了和平民主,为了祖国的统一,我要更加坚强起来。"不久,李公朴带着伤痕回到昆明,他打算结束"北门书屋"的业务,筹措路费,偕家人回到久别的上海,重新开始自己的事业。在昆明,李公朴一面筹款,一面与闻一多一起坚持斗争。

1946年夏,国民党反动派背信弃义,撕毁政协决议,全面发动内战。在国统区血腥镇压民主运动,打击迫害民主战士。昆明笼罩在一片白色恐怖之中。大家都为李公朴担心,劝他赶快离开昆明,他说:"我准备好了,蒋介石要杀我,在他统治的地区可以,到别处也一样可以杀的。"还说:"既然要从事民主运动,就要抱着跨出了门就不准备再跨回来的决心!"

同年7月5日,南京国民党政府给云南警备总司令霍揆彰密电:"中共蓄意叛乱,民盟甘心从乱。际此紧急时期,对于该等奸党分子,于必要时得要便宜处置。"次日,霍揆彰命令稽查处长王子明布置行动科暗杀李公朴、闻一多、朱家璧、龙纯曾四人,定三日内暗杀完毕。因朱、龙二人不在昆明,特务便把枪口一齐指向李公朴和闻一多。

7月11日晚9时,李公朴偕夫人张曼筠走出大光明电影院,特务汤世良拔出无声手枪射击,但枪机失灵。他紧紧尾随李公朴夫妇,10时许抵达学院坡时,汤世良再次对李公朴连开两枪,接着赵风翔、吴传云也开了枪,李公朴应声倒下,李夫人高呼:"捉人呀!打死人了!"附近居民和云南大学路过的学生听到呼喊后便把李公朴抬到了医院,李公朴流血不止,咬紧牙关骂道:"无耻!无耻!"呼喊着:"为了民主……为了民主!"经抢救无效,于次日"天快亮了"的时候,这位为民主而斗争的战士,永远离开了人世。

(薛正人)

为正义死而无憾的王孝和

王孝和出身于工人家庭,1938年考入上海励志英文专科学校,开始接触进步书刊。1941年5月加入中国共产党,年仅16岁。他在入党誓词中写道:"我一定要用我的生命保卫党,保卫工人阶级的崇高事业,永不动摇,一直革命到底。"

毕业后,王孝和根据党的工作需要,前往上海电力公司杨树浦发电厂报到,一边当发电管理室抄表员,一边宣传革命道理,发动工人反内战、反饥饿、反迫害。1946年1月,上海电厂爆发大罢工,坚持了9天8夜,王孝和始终积极参加,赢得工人们的信任和拥护,当选为上电工会杨树浦发电厂支会干事。由于上电工会在反内战的民主运动中站在前列,引起国民党当局的注意,于1947年9月宣布解散上电工会,通缉工会干事。经过工人坚持不懈的斗争,于1948年1月又召

开了工人大会,重新选举工会干事,结果王孝和等为工人信得过的人仍当选为常务理事。国民党不甘心失败,又派出特务以"指导员"、"秘书"等身份驻在工会进行监视,并威胁利诱王孝和参加国民党,他以"对政治不感兴趣"为由拒绝了。2月,"申九惨案"发生,王孝和代表工会参加"申九惨案后援会",在厂里发动工人缠黑纱、捐款,抗议当局的血腥暴行,特务企图阻挠,他理直气壮地说:"工人是一家,相互支援是我们分内事。"4月,国民党当局为镇压工人和学生的民主运动,以破坏生产和社会治安等罪名,在全市逮捕各厂工会负责人。19日,特务闯进王家要他自首,他说:"我是上电2800名职工选出来的工会常务理事,为职工说话办事是我的职责,没有什么需要向谁讲清楚,更无自首的必要。"21日,敌人以"妨碍戡乱治安"为名将王孝和抓了起来,轮番使用老虎凳、磨排骨、灌辣椒水和电刑等酷刑。王孝和宁死不屈,严守党的机密。一个参与施刑的特务边摇头叹息边说,这个人真厉害,上这么重的刑,居然什么也不讲,真拿他毫无办法。

敌人黔驴技穷,6月28日,操纵上海高等特种刑事法庭以"连续教唆、意图妨碍戡乱治安未遂"的罪行判处王孝和死刑。王孝和在狱中写了三封遗书:一封给双亲,"儿不能再为双亲尽孝养老,请多谅解。然而,儿为正义而死,死而无憾";一给怀孕的妻子,"你要挺住,要活下去,把孩子抚养成人,告诉孩子,父亲是被谁杀的,教育孩子一定要继承父志";一封给狱中难友,"为正义而继续奋斗下去!前途是光明的。"

9月30日,难友们从种种迹象中预感到王孝和的最后时刻已经临近,各监房纷纷传来向王孝和致敬和慰问的纸条。纸条上言语不多,却充满了同志的深情厚谊,"我们一定为你报仇!""一个人倒下去,千万人站起来!""我们将前仆后继,踏着你的血迹前进!"不出所料,这天上午几个法警闯进监房喊道:"王孝和提审!"王孝和从容不迫地向牢门走去,边走边怒吼:"特刑庭不讲理!""特刑庭乱杀人!"在特刑庭上,王孝和镇定自若地提出:我要向在场的记者先生们讲几句话。庭长面对在场的二十多家报社、通讯社的记者,不得不表示同意。面对记者,王孝和痛斥反动当局蛮不讲理、滥杀无辜的残暴行径,要求记者主持公道,在报上披露事实真相。庭长气急败坏地大叫:"不许多说,现在已经判决,立即执行。"王孝和以斩钉截铁的口气说:"我不承认你们的判决!"特刑庭成了王孝和对反动当局进行控诉和示威的地方。接着,王孝和又神情坦然地回答了外国记者的提问,使国民党特刑庭的反动面目暴露无遗。敌人担心,如此下去场面将越来越无法收拾,遂急急忙忙将王孝和押赴刑场。

站在提篮桥监狱的刑场上,王孝和坚定地表示:"从我被捕的第一天起,就做好了这个准备。""死无所惧,只要我活一天,就要同敌人斗争。我的武器是公开揭露敌人的残酷和对人民的仇视。"王孝和英勇就义时,年仅24岁。

1949年5月,上海解放了。11月6日,上海各界两万余群众在逸园隆重举行王孝和烈士追悼大会,陈毅市长挥笔为他写下"为工人阶级牺牲"的题字。

在王孝和就义40周年时,上海各界隆重集会纪念,江泽民为王孝和题词:"四十年前,王孝和同志怀着对共产主义的理想,为中国人民的解放事业,英勇地献出了自己宝贵的生命。他不愧是优秀的共产党员,工人阶级的杰出代表。我们要学习他坚定的革命信念、无私无畏的革命精神、高度自觉的组织纪律性,为建设伟大的社会主义祖国而奋斗。王孝和永垂不朽!"

(陈劲松)

张志新坚持真理宁死不屈

在"文革"的狂潮中,张志新,一位有相当理论素养的宣传干部,以她过人的睿智,洞察到这是一场危及党和国家的浩劫,以及制造这场灾难者的险恶居心,并且以极大的勇气公开阐明自己的观点,表明自己的态度,虽经残酷折磨而不屈服,终于惨遭杀害。她坚持真理、宁死不屈的英雄气概,正如人们歌颂的那样:"她是太阳,离开了地平线,却闪耀在天上。"

张志新是天津人,1930年出生,1955年加入中国共产党,"文革"前她在中共辽宁省委宣传部文艺处工作。起初,她和大多数人一样,以极大的政治热情投入"文革",加入了一个群众组织,参加各种集会。但是,随着运动的深入,大批的革命干部,包括许多开国元勋被批斗,各级党组织陷入瘫痪,武斗和流血不断升级。1968年2月她省亲去京津,看到各地都在武斗。在北京,她耳闻目睹了江青的淫威,只要江青说一句话,"打倒×××"、"油炸×××"的大字报就会铺天盖地而来,无论是革命元勋,还是平民百姓,谁也不能幸免。张志新怀疑了,由怀疑而愤慨,她已决心为坚持真理而把个人安危置之度外。

她对丈夫曾真说:"老曾,这半个月我心里很乱,很不安,到处都在批斗、武斗,这样下去怎么得了。江青一手遮天,她究竟是什么东西,我怀疑。"她后来和其他同志谈心时又说:"你们说'文化大革命'是保卫毛主席革命路线,可是现在毛主席身边还有几个人了？中央委员、政治局委员打倒了这么多，省委领导全靠边了，难道这些人都是敌人？""这里面有名堂！中央文革里有名堂！"

很快，她就和许多原东北局、省委、省人委的干部一起被驱赶到了荒无人烟的盘锦"五七"干校，被列为"专政对象"，强迫其"反省"。在干校的10个月，白天，张志新干活拉车；夜晚，借着暗淡的灯光，认真学习理论，用心思考问题。她明确、尖锐地提出了一系列关系党和国家命运的重大问题：对当时普遍地搞"三忠于"、"四无限"，她认为"再过几十年，后人看我们现在和党的领袖的关系，就像我们现在看以前的信神信鬼一样可笑"；对九大把林彪定为毛泽东的接班人，她认为"这样做不好，谁是接班人，应该是自然形成"，"我对林彪没有什么信任"；对于把大批党的领导干部打成"叛徒"、"特务"、"走资派"，她义愤填膺，反问："难道会有为革命屡建奇功的特殊反革命吗？"对彭德怀在庐山会议上为民鼓与呼、犯颜上书而被定为反党，她认为应当平反；对所谓"61人叛徒集团案"，她认为是不公平的；对江青大搞文化专制主义，她提出："把许多电影、戏剧都批了，现在就剩下几个样板戏，祖国的文化艺术越来越枯竭、单调。"张志新对上述重大原则问题，都是在会议上或所谓"交代"材料里公开提出的，而且论理精辟，逻辑严谨，语言犀利。在当时的历史条件下，能够鲜明而又公开地提出几乎是后来拨乱反正中的所有重大问题，表现了她的有胆有识、大智大勇。当然，这会给她带来厄运。1969年7月24日，张志新被捕，开始了长达6年的囚禁生活。1970年被判无期徒刑。

在狱中，张志新毫不屈服，顽强地同林彪、"四人帮"及其爪牙进行了针锋相对的斗争。她在《谁之罪》一诗中发出呐喊："今天来问罪，谁应是领罪的人?！今天来问罪，我是无罪的人！"管教人员要她写"认罪书"，她说："我之所以至今不能认罪，是因为我提出的一系列问题，起之有因，看法观点立之有据，坚持不改有理。"再次

表明"立场观点不变,态度如前"。他们给张志新戴上两副脚镣,戴上背铐,以及给死刑犯陪斩等卑鄙手段来折磨她,但她始终不屈,而且一有机会,就宣传自己的正确观点。

"四人帮"及其爪牙黔驴技穷,恼羞成怒,决定对张志新下毒手!1975年4月3日,张志新被加判死刑,立即执行,不给上诉期,不通知家属、单位。4月4日清晨,张志新被押到一间办公室,4名彪形大汉将她按在地上,惨绝人寰地割断了她的气管。上午10时,沈阳市大洼刑场,一颗罪恶的子弹射进了张志新高昂的头颅,时年45岁。直至1976年6月,她的家属才得知她被害的消息。

1979年3月26日,中共辽宁省委为张志新平反昭雪,追认她为革命烈士,号召全体党员干部向张志新同志学习!她的英勇事迹在全国广泛传播。"四人帮"及批准杀害她的在辽宁的"四人帮"代理人,被押上历史的审判台。张志新坚持的一系列观点都被证明完全正确,并在拨乱反正中得到解决,她在人民心中获得了永生。

(陈劲松)

除暴安良

铲除强暴,安抚善良的人民谓之曰"除暴安良",语出北宋太宗时期平章事李昉在所著《太平广记》中说:"舍之职责,在乎除暴安良。"中华民族是一个具有悠久文明史的民族,我们的祖先开启了古代文明的先河,为民造福、除暴安良、追求光明等是华夏文明的核心内容,体现着中华民族博大的胸怀和坚韧的精神。

本节介绍了8位侠肝义胆的华夏儿女,他们用铮铮铁骨匡扶着人间正义。元代"儒林四杰"之黄溍任台州路宁海县丞时,面对恶势力的肆无忌惮,毫不手软地给以坚决打击,他的下属们忧心忡忡地说:"这伙人背后有人撑腰,惹不得啊!"黄溍则斩钉截铁地回答:"官可以不当,百姓的事不能不管!"北宋时,长沙县有个叫海印国师的恶霸和尚,常出入章献皇后娘家,巴结权贵,横行乡里,庶民百姓敢怒而不敢言,官吏也不敢追究,陈希亮多次走访百姓,查获海印的犯罪事实后,毫不手软地将海印拿下,并将其所占民田园林退还于民,老百姓感激地称他为陈青天。被康熙皇帝誉为"天下第一清官"的施世纶奉命负责陕西赈灾时,发现陕西粮库积余储存太多形成虚耗,便欲上疏弹劾总督鄂海。鄂海知道施世纶的儿子施廷祥在自己的辖地会宁做知府,便故意提到此事,想威胁他。施世纶却说:"我从当官后,连自己的性命都不顾了,还怕什么儿子?"坚持上疏,鄂海最终以失职被罢官。登封市公安局长任长霞,全心全意为人民服务,3年中查结积案100多起,处理来信来访3467次,使登封市的社会秩序大为好转,被老百姓称为"女神警"和"任青天"。在遭遇车祸不幸殉职后,倾城悲号,14万百姓为女局长含泪送行。怒斩恶霸"活阎王"的李膺,为民除害的况钟,惩恶恤民的于成龙,忠诚的人民卫士刘金国。他们不畏权贵、不弃贫贱、不慕名利,惩治邪恶、匡扶正义,尽己所能为他人、为社会增添温情、除却苦难和灾害,体现了中华民族扶贫救弱、除暴安良的良善之心与正义之感,传递着千百年来中华民族的热切期望。

勤政爱民的黄溍

黄溍是元代著名的文学家、书画家,与柳贯、虞集、揭傒斯被合称为元代"儒林四杰"。金涓、王祎、宋濂、傅藻等历史名人都是他的弟子。

黄溍天资绝人,好学不倦。元延祐元年(公元 1314 年),朝廷恢复了贡举之法,以便选拔延揽人才。满腹经纶、才气横溢的黄溍在县吏的催促下,参加考试,廷试中选。但阅卷官以黄溍"词近激"为由,张榜时仅为三甲末第,赐同进士出身,授官台州路宁海县丞。

宁海县,位于浙东沿海,濒临盐场,盐业兴旺。可是,一些盐户有恃无恐,以为他们不隶属于县衙门,因而不受管束,肆意妄为,残害百姓。而当地的一些官吏受这些盐户的贿赂收买,听之任之,使得这股恶势力更加肆无忌惮。黄溍到任后,见此情景,深恶痛疾,毫不手软地给以坚决打击,对为非作歹者一律绳之以法。此时,黄溍的下属们忧心忡忡,生怕受到报复,就小心翼翼地告诉黄溍说:"这伙人背后有人撑腰,惹不得啊!"黄溍则斩钉截铁地回答:"官可以不当,百姓的事不能不管!"坚定不移对地方恶霸严惩不贷。几经努力,恶霸气焰渐消,百姓得到安宁。

当时,宁海县一些恶少组织成盗窃集团,图谋抢劫,县衙得到举报,悬赏缉拿。可地方上的大姓豪强为了谋取赏钱,不凭证据,胡乱举报,并据此抓来一批"嫌疑犯"。由于没有真凭实据,案件久拖不决。黄溍为此多方调查,逐一细细审理,公正断案,既不冤枉

一个好人,也绝不放纵一个坏人,使案件全部结清,其间被免除死刑的就有十余人。

其时,朝廷派大员到各地考察,得知黄溍既能干又清廉,政绩显著,便提升他为两浙都转运盐使司石堰西场监运,并委以整顿吏治。黄溍任劳任怨,秉公办事,严厉惩治了盐场不法之户。从而使得百姓信服,盐场为之一清。

元延佑六年,黄溍改任绍兴路诸暨州判官。当时的诸暨,积弊深重,棘手难题较多。黄溍到任后,坚定沉着,审时度势,对症下药,重点击破,终于变难治为易治。当时官府巡海船,按照惯例,三年就得更新,费用由官府支出,但不敷之数,须由百姓补足。于是,一些贪官借机向百姓伸手敛财,以多收少付的办法中饱私囊。对此,黄溍变革向例,节省开支,杜绝贪污,把多余的钱退还给老百姓,百姓们欢呼声不断,称赞黄溍是清官。

当时诸暨的一些不法之徒,互相勾结,以伪钞扰乱社会,胁攘民财。而一些地方官吏又任其欺诈,不管不闻。这些不法之徒就更加胆大妄为,致使伪钞泛滥成灾,殃及邻近县地,株连数百家,百姓遭殃。黄溍通过详细调查,明白了真相,掌握了证据,进行缉拿,使得渎职的官吏被除名,不法之徒受到惩罚,无辜被株连者得到解脱,老百姓也不再受伪钞的祸害了。其间有一个"捕盗卒",暗地把伪钞藏匿良民家,而后又向官府"揭发检举",并纠集近百个恶少手持棍棒,冲向这良民家搜查,企图大敲竹杠。正好黄溍下乡后回城,同这伙人相遇。黄溍见此情景,顿生疑窦,反问道:"州府弓卒定额仅30名,哪来这许多人?""捕盗卒"瞠目结舌,无言以对。黄溍便喝令左右将他们统统"拿下!"这群恶少见势不妙,慌忙作鸟兽散。

有一盗贼被关在钱塘县狱内,可贼心不死,暗中勾结一游民,指使这游民贿赂收买了狱吏。于是,狱吏便私下放了这盗贼。而

这狱吏利令智昏，又炮制了假文告，并打发这盗贼做向导，先后逮捕了二十余名无辜者，以此威胁百姓，索取钱财。黄溍得知这一情况后，深入察访，掌握了全部实情，命人将狱吏、刚放出的盗贼套上枷锁，送往钱塘县狱，受冤枉被抓的普通百姓则全部释放。

黄溍任州县官二十余年，始终体恤民间疾苦，躬身为百姓办事。平日，唯以清白为始，除奉给之外，不收受任何非分钱财。他常常因生活费用欠缺而变卖家产，以资弥补。元至顺二年（公元1331年），黄溍应召进京入朝，再任京官二十多年。元至正十七年（公元1357年）黄溍去世，学人士大夫闻之，俱流涕曰："黄公亡矣，一代文章尽矣！"

（陈劲松）

李膺怒斩"活阎王"

李膺（公元110～169年），东汉颍川襄城（今属河南）人，字元礼，为人廉正刚直，疾恶如仇，因反对宦官专政，受到太学士所拥戴，被称为"天下楷模"李元礼，为名士"八俊"之一。汉桓帝时，李膺被任命为司隶校尉，负责纠察京师洛阳及附近各郡县的官吏。

东汉末年，宦官们为非作歹，权势越来越大。大宦官张让的弟弟张朔在野王（今河南沁阳）当县令，仗着他哥哥的权势，贪婪无道。有一天，他无聊得发慌，说要瞧瞧未出生的婴儿是什么模样，便把一个孕妇活活地剖腹杀害了，当地老百姓恨之入骨,称之为"活阎王"。李膺得知张朔的罪行后,立即下令捉拿张朔归案。可是"活阎王"张朔早闻李膺的威名,知道此人厉害,畏罪潜逃到京城,躲到他哥哥张让家里。为了不使人发现,张让将张朔藏在合柱之中。

李膺查知张朔罪状,又经过明察暗访,得知张朔藏身之地,便亲率将士突入张让府第,命令士卒劈开大柱,把吓得半死的张朔拖了出来,投进洛阳监狱。李膺估计到张让会要挟皇帝插手,在审得供词后,便依法将其斩首示众。

"活阎王"张朔被处死的消息不胫而走,迅速传开,京师万民弹冠相庆,可气坏了宦官张让,他气急败坏地跑到汉桓帝那里诉冤,并挑拨说:"李膺杀县令用不着上奏,连皇帝也不放在眼里!"汉桓帝听了张让的话,诏令李膺上殿,责问他为什么杀一个县令不经奏准便先行斩决。李膺当即表示:自己所为,合乎礼法。自知难免获罪,但求留任五日,以除尽首恶,然后甘心受罚。他说:"从前晋文公从周天子身边逮走了不干好事的卫成公,《春秋》却肯定了这件事做得对。《礼记》说,国君的族人有罪,纵使宽赦了他,但官吏执法却有权不服从。以前孔子当鲁国的司寇,掌管刑狱,上任七天就杀了少正卯。如今我到职已有十天了,只担心因办事拖拉而犯错误,没想到犯了行动迅速的罪。假如要我为此承担罪责,即使处死也不旋转脚跟后退半步。但求陛下让我再活五天,以便我杀绝那些罪大恶极的元凶,然后归就鼎镬接受烹刑也不迟。"桓帝在听了李膺的话后,无话可说,转身对张让说:"这是你弟弟罪有应得,司隶校尉有什么过错呢?"于是将张让赶了出去。

从此以后,那些侍从皇帝的大小宦官,都"鞠躬屏气",连大气都不敢出,倍加小心谨慎。但是东汉末年宦官的势力很大。公元166年,宦官们诬陷李膺结党诽谤朝廷,被逮入狱,被判禁锢终身。灵帝立,外戚窦武执政,李膺又被起用为长乐少府,后与陈蕃等谋

诛宦官失败,死于狱中。李膺虽被迫害致死,但他嫉恶如仇的精神始终为后人传诵。

(薛正人)

清官良吏陈希亮

在我国古代艺术瑰宝《清明上河图》中,可以看到一座宛若彩虹、飞架汴河两岸的虹桥。明代著名学者李东阳在咏颂这幅描绘北宋民俗的历史画卷时,写下了这样的诗句:"虹桥影落浪花里,捩舵撇篷俱有神。"最早设计这种虹桥的,就是北宋著名的清官良吏、桥梁专家陈希亮。

陈希亮字公弼,北宋时青神县东山人。自幼聪明好学,11岁时,离家求学。宋仁宗天圣八年(公元1030年),他与其侄陈庸、陈谕同中进士,时人称"陈家三俊"。16岁时,准备出门从师求学,其兄不允,百般阻拦,要他去收回三十余万债款,死守祖业。陈希亮不从,立即找来各位负债人,当众烧毁了所有借据。

陈希亮一生为官清正,政绩卓著。当时,长沙县有个叫海印国师的恶霸和尚,常出入章献皇后娘家,巴结权贵,横行乡里,仗势霸占民田,夺人园林,庶民百姓敢怒而不敢言,官吏也不敢追究。陈希亮担任大理评事,主管长沙县政事后,多次走访百姓,查获海印的犯罪事实后,毫不手软地将海印拿下,并将其所占民田园林退还于民,老百姓感激他,私下称他为陈青天。

其后,陈希亮又办理了郴州竹场伪券案。一个专门向林区百姓征收竹材的机构——郴州竹场将"收到竹子"的假券卖给输纳竹子的输户,输户不知情,将竹场所给的伪券交给官府,作为已经输税的凭证,被官府察觉,认定这些输户伪造假券,很多人被判极刑而打入死牢。陈希亮接到案卷,颇觉不解:输户连自己的名字都不会写,有何能力伪造假券呢?他重新提审了输户,掌握了屈打成招的事实。又派人去郴州,调查事实真相。原来是竹场吏人为敛不义之财,不惜重金聘人制造伪券,将输户缴纳的竹子占为己有,而让输户当了替死鬼。铁证如山,竹场的吏人受到惩治,输户也无罪获释。因办理郴州竹场伪券案有功,宋仁宗特赐给陈希亮五品官服,而老百姓赞颂他的"青天大老爷"的美名传得更响。

长沙当地的巫师每年搜刮百姓的钱财祭鬼,把这叫做"春斋",他们说不这样做就会发生火灾。陈希亮禁止了这项活动,百姓不敢犯禁,火灾也没有发生。陈希亮毁掉不合礼制的祠堂上百个,勒令巫师成为农民的有七十多家。等到陈希亮离任时,当地父老送他出县境,流泪说:"您离开我们,穿红衣的老人又会出来了。"(原本百姓谣传有穿红衣的三个老人带来火灾。)

陈希亮任湖北房州知州时,房州竹山有个名叫党军子的大盗,杀人越货,极其猖狂。转运使令供奉官崔德赟捕捉此盗。崔与匪盗沆瀣一气,暗中放走党军子,然后包围竹山民贼常住之处,枉杀山民向氏父子3人,枭首于南阳,谎称是党军子。时任房州知州的陈希亮识破了这个冤案,将崔关进监狱。崔自以为死无对证,不服判决。不久,真正的党军子在商州被擒获,崔德赟被流放通州,人心大快。

宋嘉祐二年(公元1057年),陈希亮任开封府判官。有个叫沈元吉的人,是皇亲国戚,称霸一方。一天,他撞进一家农户,见女主

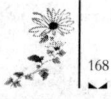

人颇有姿色,竟然不把男主人放在眼里而强行非礼,待男主人反击时,竟将其活活打死。案发后,开封府逮捕了沈元吉,并由陈希亮主办。而仗势欺人的沈元吉根本没有把小小的判官放在眼里,反而讥讽他。陈希亮严厉审讯,沈元吉承受不了陈希亮的威严,竟被吓死在大堂。

当时,朝廷因三司事务繁多,命陈希亮兼任开拆司。当时积压案牍成千上万。陈希亮废寝忘食审判案件,并会同州、县幕僚共同处理,仅用九个月时间,便办理了三分之二的积案,发现有官员擅自勾销案件者,必定严惩。荣州(今四川荣县)乃产盐地区,当时有十八口盐井卤水枯竭,逐年减产。税官们不顾盐户疾苦,仍收税如初,造成大批盐户破产,被没收财物抵税的达三百多家。陈希亮得知后,退还了没收的财物,并酌情减税,深得民众欢迎。此举极大地调动了盐民的积极性,很快恢复了生产,而且获得年税三十余万。

陈希亮自感年事已高,多次上奏申请告老还乡,但朝廷始终不允,并调他任凤翔知府。该县仓库储粮极丰富,已达 12 年之久,正愁陈粮腐烂,不料当年发生饥荒。陈希亮断然决定:借发国库粮谷 12 万石,以解民众燃眉之急。粮官深恐收不回,顾虑重重。陈希亮以身家性命担保,才使粮官无话可说。待到秋收时,借粮全部还清,陈仓换得新谷,不但解除了陈谷之忧,还接济了饥民。

陈希亮终因辛劳过度而去世,享年 64 岁。著名文学家苏轼自称平生不为人作行状墓碑,但他十分敬佩陈希亮的为人,担心陈希亮的事迹失传于后世,破例写下了《陈公弼传》。

(陈劲松)

况钟为民除害

戏剧《十五贯》家喻户晓,说的是苏州知府况钟于刑场上听到囚犯喊冤,果断停刑,冒风险微服私访,查明真凶,平反冤案。历史上,确有苏州知府况钟其人,他也确是一位除恶安民造福一方的好官。

况钟,字伯律,南昌靖安人,资性聪颖,勤奋好学。况钟初为靖安县衙的一名吏员,因干练廉洁而升任礼部仪制司主事、郎中。明宣德五年(公元1430年),廷臣会议,提出江南九郡赋税征收困难的问题,决定遴选"廉能有为,才堪牧民"的郎中、御史出任九郡知府。经吏部、礼部联名推荐,况钟被擢升为苏州知府,并获"赐敕书,假便宜从事,章奏得径达御前",享受一般知府所没有的待遇。

况钟深知苏州在明王朝建立前,为吴王张士诚所据,张士诚在与明太祖朱元璋争夺天下的战争中,城破自缢,张之余部后裔与朱明王朝有着深刻的仇恨;加之苏州地方富庶,文化发达,不乏一些狡猾之徒,因此在有明一代最为难治。况钟出身吏员,深谙吏治,他认为法不立则吏奸难除。据此,况钟在上任之初,假装庸懦,不通政务,一切事情悉由吏员裁决。这般吏员亦以为新来的知府真的懦弱可欺,一个个露出本来面目,为非作歹,欺上压下,从而让况钟将他们看了个清清楚楚。月余后,况钟觉得时机已到,遂召集吏员,宣读带来的皇帝敕书,当读到"府有僚属不法听拿问"诸句时,吏员们屏息低头,惶恐不安。况钟当即宣布了几个劣迹昭彰的恶

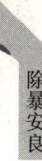

除暴安良

吏的罪行,喝令捶杀;将昏庸怯懦者斥退。至此,苏州府大震,人人奉法,治安为之改观,百姓称之为"况青天"。

出于报复原因,明建立后,苏州民户中充为军户者甚多。清军御史李立残暴,动辄以稽查逃军为名,对军户施以酷刑,强迫普通平民充军,百姓怨声载道。况钟对李立的暴虐行径十分不满,上奏朝廷,要求为苏州民众减少军户。在况钟的力争下,苏州160多民户被免去军籍,另有1240民户被免去后代承袭军籍之苦。

苏州富丽,园林甲天下,宫中宦官采办御用花木、禽鱼、器玩等,纷纷来此,狐假虎威,大肆勒索,除采办宫中所需外,还中饱私囊。地方官员稍有异词,便遭辱骂,甚至被绑被打,扰得地方不得安宁。况钟目睹此状,十分愤慨,决定进行抵制。一次,他率众属官来到采办宦官所住驿馆,入门拜见,那宦官照旧不理不睬,况钟遂对众属官说:"老太监不喜欢参拜,以后对他只需作揖就行了。"说罢,四平八稳地坐下,就采办扰民一事与那宦官交谈,声色俱厉,寸语不让。谈罢,昂首离去。该宦官惊疑,一打听,知此人便是大名鼎鼎的况钟,即刻收敛威风,老实起来。另有一来姓宦官,前来苏州采办,寻事杖责吴县主簿,况钟闻讯赶去,一把揪住来姓宦官,怒斥道:"汝何得打吾主簿!县中不要办事,只干汝一头事乎?"来太监惧况钟正气和威名,不敢再耍横,并设宴向吴县主簿赔罪。这两件事传出后,往来苏州的大小宦官,再不敢巧立名目敲诈勒索。

况钟在苏州"兴利除害,不遗余力。锄豪强,植良善,民奉之若神"。明正统五年(公元1440年),况钟任满,循例应赴吏部候升,百姓闻之,"饯送者数百里不绝"。苏州耆民张翰等两万余人联名上疏挽留,最后,皇帝降旨,况钟进秩正三品,留任苏州知府。这是明建立以来所仅有的规格和礼遇。

明正统七年十二月,况钟卒于苏州府任上,百姓罢市哭丧。次年春归柩之日,倾城出送,白衣遍野,"况太守,民父母。众怀思,因仙逝。愿复来，养田叟……"一首首民谣，诉说着人们对况钟的无限眷恋。

（陈劲松）

惩恶恤民的于成龙

清康熙二十三年（公元 1684 年），一位封疆大吏在江宁（今南京）去世，消息传出，数万百姓绵延几十里送葬，泪湿地面。他就是以惩恶恤民、清苦自励深得人民爱戴的于成龙。

于成龙是山西永宁（今离石县）人，明末副贡生，清顺治十八年（公元 1661 年）任广西罗城知县，开始官宦生涯。时与罗城相邻的瑶族酋长，经常率众到罗城杀掠，成为百姓的一大害。于成龙抵任后，组织乡勇，加以训练，将瑶族酋长击退，并追剿残敌，直至瑶族酋长发下誓言，永不犯境掳掠方止。在罗城期间，于成龙走访民众，了解民情，采取措施减轻赋税，捕捉盗贼，兴建学宫，创设养济院。他居官七年，使这个贫困到极点的边疆小县变得富有生气，民生安定，经济发展。康熙六年，于成龙擢升四川合州知州。赴任时，罗城百姓倾城出动，拦在路上失声痛哭，说："耶（爷）今去，我侪无天矣！"

合州地瘠人稀，经济落后如同罗城。为不给合州百姓增负，于成龙上任时仅一仆一马，为历任知州仅见。时官场黑暗，弊端丛生，地方官员搜刮地方特产"孝敬"上司，已成陋规。于成龙上任不

久,即收到郡守下的帖子,要合州送鱼给他。于成龙掷帖于地,不但不给送鱼,反而书陈合州贫瘠困苦之状,恳切要求减负。郡守自知理屈,没敢怪罪于他,并且同意免除对合州的十余项不合理摊派。为了快速改变合州的贫困面貌,于成龙革除宿弊,招民垦田,贷以牛种,规定被垦荒地三年后归垦荒者。在他的大力整饬下,合州人口由原来的一百余户骤增至一千余户,生产迅速恢复,流民得到了安顿。

不久清廷又将他调任湖广黄冈同知,驻岐亭。岐亭地方混乱,盗贼白天也公然抢劫,百姓叫苦连天。针对这种情况,于成龙到任后,首先是抓缉盗贼。他不顾个人安危,扮成乞丐,深入盗贼巢穴,周旋十余日,掌握盗贼的罪证和行动规律,然后抽身逃回,率健壮捕快直捣巢穴,一举将盗贼全部捕获。经此打击后,岐亭盗贼匿迹,治安为之一变。

康熙十三年,于成龙再调任武昌知府,时值三藩叛乱,吴三桂叛军已推进至湖南,兵锋逼临长江南岸,其反清檄文及伪委任状散遍湖北州县,致人心骚动,局势严峻。其时地方有些股匪,乘势响应吴三桂号召,树起叛旗。其中主要有占据曹家河的邹君升、黄金龙一股数千人,占据泉畈等地的"东山贼"数千人。于成龙以巨大的勇气,先后调集地方武装和乡勇将这些股匪剿灭,消除了心腹之患。在剿灭"东山贼"时,于成龙一马领先,亲冒矢石,带动官兵、乡勇奋力冲杀,方取得胜利。

由于于成龙政绩卓著,清廷屡予升迁,先后调任黄州江防道、福建按察使、直隶巡抚、两江总督,他的官越做越大,成了清廷的一员封疆大吏,但他勤政爱民初衷不改,廉洁自律依旧。

康熙二十年十二月,于成龙就任两江总督,按照清制,像他这样的大员上任,沿途均有隆重的迎送接待,但于成龙自雇一辆驴车,带制钱数十文悄悄上任。消息传到江宁,各级官员都出城迎

接,然自晨至午,不见人来,正焦虑间,差役来报:于总督早已单车入府了。于是群吏来到总督府,争相送礼,被于成龙一一回绝。那时于成龙已达70高龄,仍然是通宵达旦地埋头政务,并以很大的魄力"革加派,剔积弊",常穿便服到民间体察下情,考核属吏政绩。他自奉甚俭,"日食粗粝","佐以青菜",最好的菜要算豆腐,餐桌上不见鸡鱼肉蛋,"终年不知肉味"。

康熙二十三年四月,于成龙病逝于任所,地方众官吏前来瞻仰遗容,只见室内空荡无物,仅在床头放一陈旧的竹制容器,里面装有一件绨袍,还有几只瓦罐,有的盛了一点粗米,有的盛了一点豆豉,仅此数物。他去世的消息传出后,江宁百姓罢市,聚在一起痛哭,深切悼念一代清官。康熙帝曾给他很高的评价:"今时清官第一,殊属难得","于成龙实天下廉吏第一"。在他死后赐祭葬,谥"清端",加太子太保。至雍正时,准于成龙入祀"贤良祠"。

(陈劲松)

"天下第一清官"施世纶

清朝有位与宋代包拯、明代海瑞齐名的"施青天",以他为原型的长篇评书《施公案》也与《包公案》、《狄公案》齐名,唱颂至今。他就是大将军施琅的二儿子、被一代帝王康熙誉为"天下第一清官"的施世纶。

康熙二十三年(公元1684年),年仅26岁的施世纶出任泰州知州。看惯了官

场"天下乌鸦一般黑"的当地百姓,对于这位年轻官员的德行操守并没有寄予太多的希望。不久,淮安发大水,朝廷特派两位钦差大臣到泰州监督河堤工程。哪知他们的随员品行不端,其中有个随员看上了当地一个漂亮的女子,明知她已有婚约竟强纳为妾。施世纶不畏权贵,坚持正义和公道,维护百姓利益,终使该女子平安回到家人身边。对于经常骚扰村民百姓的当地官员,他也有言在先,后予严惩。泰州大小官吏再不敢借治水之名肆意妄为,欺压百姓。

当时湖北发生夏逢龙兵变,平叛的官兵路过泰州,沿途骚扰抢掠,百姓怨声载道。施世纶将粮草供应准备充足,放在路旁,再命令手下差人每人手握一根大棒列队站在路边,他也亲自到场,士兵中有犯禁扰民的,立即逮捕法办。常言道,"将在外,君命有所不受。"他这样做,带兵的将军很可能恼羞成怒。但他正气凛然,无所畏惧,在两排大棒之下,过境官兵再也不敢肆意妄为。施世纶以清廉正直的形象改变了村民百姓之前对他的看法,清官之誉由此传开。

施世纶在当顺天府尹时,步军统领托合齐当时正受到康熙帝的宠幸,风头正劲,每次出门都由骑兵护卫前呼后拥。一次在路上施世纶与他相遇,施世纶连忙拱手站在路边让行。托合齐大吃一惊,忙停下来询问怎么了,施世纶说:"按照规定,王爷出行才能有这阵仗,瞧您出行的这派头架势,我还以为是哪个王爷来了,所以才赶紧避让,哪知道是大人您呐。"吓得托合齐连连谢罪才算了事。

康熙五十九年,施世纶奉命去陕西协助总督鄂海督办军饷。他亲自坐船溯黄河西上,把运粮路线水流滩石勘测得一清二楚,并绘制了详尽的路线图。当时正逢陕西大旱,饥灾严重。他又奉命负责赈灾。他派出属员分十二路去调查灾民,按人口分给粮食,不论远近全部分到。赈灾中,他发现陕西粮库积余储存太多,造成虚耗,便要上疏弹劾总督鄂海。鄂海知道他儿子施廷祥在自己的辖地会宁做知府,便故意提到此事,想威胁他。施世纶却说:"我从当官后,连自己的性命都不顾了,还怕什么儿子?"坚持上疏,鄂海最终以失职被罢官。

也许是因了康熙皇帝对施世纶"委以钱谷之事,则相宜耳"这句圣谕,施世纶当官多是与钱粮打交道。他曾到江苏督办漕运。当时的漕运可是一个肥缺,就连最低级的押运武官都能从中克扣漕米、藏货纳赃。施世纶作为漕运总督亲临基层,身体力行。为整顿官吏借检验米色好坏克扣漕米、敲诈船丁的恶习,他亲自上船开舱检视,并只和船丁悄悄说话,不许其他官员在旁窥探偷听。验毕,他即令船只开走,让船丁免除被敲诈之苦。施世纶每天还带两三个文书坐上船,沿河驶去。在船上他用一本小册子详细记下阴晴雨雪风速以及水流缓急深浅情况,预测某船某日应到某处,十分准确。如有押运的官员因私滞留而借口遇上逆风等情况,他就拿出小册子给他看。对于那些敲诈克扣、中饱私囊的官员,施世纶则"立杖辕门,耳箭示众"。不过三四年间,原先一团糟的漕运政务便被施世纶肃清一新,船丁不再受苦,百姓不再被欺,漕船按期往返,官员安分守己。施世纶修整的漕运善政,多年后仍为百姓们焚香祷祝。

康熙三十五年,施琅去世,时任江宁知府的施世纶将回籍丁父忧,江宁市民万人至府乞留,并每人出钱一文于府衙前建亭以纪念施世纶,亭曰"一文亭"。这些,在《清史稿·施世纶传》中有明确记载,施世纶的清正廉洁得以永垂青史。

(陈劲松)

人民的好警察任长霞

任长霞1964年2月8日生于河南省睢县。1983年警校毕业加入公安队伍,做预审工作13年,在郑州公安系统、市政法战线及省预审岗位练兵大比武中均夺取过第一名,协助破获大案要案1072起,追捕犯罪嫌疑人950人。1998年被任命为郑州市公安局技侦支队支队长后,她多次深入虎穴,化装侦察,先后打掉了7个涉黑团伙,抓获犯罪嫌疑人370多名,被誉为警界女神警。

2001年任长霞调任登封市公安局局长,为河南省公安系统有史以来的第一位女公安局长。当时面临的形势非常艰难:民警队伍涣散、积案堆积如山,群众怨声不断,行风评议年年倒数第一。为此她深入基层调查摸底,跑遍了登封17个乡镇区派出所,找到了存在问题的症结所在。随即从"从严治警"入手,18名长期不上班、旷工、迟到以及参与违法违纪行为的民警被开除和辞退,有的交司法机关处理。此举令全市民警的精神面貌焕然一新。

在整顿队伍、严肃警风的同时,任长霞将全部精力集中到了破大案、破积案上,打响了一场又一场攻坚战。"4.15"东金店强奸焚尸案、"4.18"大冶镇火石岭村绑架案、"5.18"特大盗枪案、"5.28"石道杀人案、"6.9"轮奸女教师案、"7.2"唐庄杀妻杀子案等一系列大案要案纷纷告捷。面对辉煌的战绩,干警和群众服了。大家都说:"咱登封来了个女神警,案发一起就破一起。"

刑事犯罪案件破获了,任长霞又着手解决深层次问题。2001

年4月23日,她从一封平常的群众来信中了解到,松颖避暑山庄老板王松纠集家族成员、两劳释放人员在白沙湖一带,横行乡里,敲诈勒索,致使上百人受到伤害,7人丧命,民怨极大。她决心挖掉这颗毒瘤。4月29日,王松手下的爪牙因参与作案被抓获,王松企图以钱开路,打通关节,救出这几个"弟兄"。5月1日晚,王松来到任长霞办公室,随手甩出一沓钱放在桌子上说:"手下人捅了娄子,请任局长高抬贵手,网开一面。"任长霞严词拒绝,并将计就计,指令民警将王松一举擒获,并趁势深入追查,取得大量罪证,端掉了这个黑窝。

2001年4月25日,任长霞抽调二十余名民警成立控申专案组,按照"立足化解,妥善处置"的思路,变上访为下访,变被动为主动,把控申工作作为一项民心工程,纳入工作的整体目标。她把每周六定为局长接待日,倾听群众呼声。据不完全统计,3年来任长霞共接待群众上访3467人次,使476户老上访户罢访息诉,被广大人民群众赞誉为"任青天"、"女包公"。

登封市有两起家喻户晓的强奸杀人案。一起是西岭区域内自1997年到2001年的5年间,先后有多人被抢劫、被杀,数名妇女被强奸,案件难以侦破,群众反映强烈。任长霞决定将此案定为攻坚战的重中之重,抽调精干力量强力侦破,终于在8月1日将犯罪嫌疑人王少峰抓获归案。另一起是长达11年未破的两少女被奸杀案,任长霞多次召开党委会研究部署此案的侦破工作。她在一次接待来访群众时获知一条重要线索,迅速组织民警顺线追踪,终于将犯罪嫌疑人赵占义擒获。在短短的几个月时间内,登封市公安局共查结1998年以来控申积案71起,老百姓脸上终于有了笑容。

2004年4月14日晚,任长霞在破案中途经郑少高速公路发生车祸,不幸因公殉职,年仅40岁。据主治医生介绍,抢救过程中,大夫打开任长霞的腹腔,发现胃里一粒米都没有。

当年,"感动中国"评委会授予她"感动中国"奖,并在颁奖词中写道:"她是中原大地上的又一个女英雄。扫恶打黑,除暴安良,她铁面无私;嘘寒问暖,扶危济困,她柔肠百转。十里长街,白花胜雪,挽幛如云,那是流动在百姓心中的丰碑!一个弱女子能赢得百姓的爱戴,是因为,在她的心里有对百姓最虔诚的尊重。"

(陈劲松)

忠诚的人民卫士刘金国

2012年2月3日,中央电视台"感动中国"节目举行颁奖,破例评选出一位现任高级领导干部,他就是公安部副部长、党委委员、纪委书记、督察长刘金国。

刘金国是从基层一步一步干上来的。他出生于河北省昌黎县滦河北岸的小港村。从农村青年、普通干部逐步成长为共和国的高级警官、副部级官员,但始终保持质朴本色,坚守廉洁底线,满腔热血,嫉恶如仇。多年来,他在公安战线上成绩突出,立下赫赫战功。

2010年7月16日18时12分,大连新港码头油库突然起火爆炸。起火点是储量10万吨的103号罐,大量原油外溢,火光冲天。旁边的37号、42号、102号三个储油罐被大火包围,几十处管道井、泵房正在猛烈燃烧,喷出几十米高的火柱,爆炸连连……大连新港是中国储油量最大的深水油港,一旦发生连锁爆炸,600万大连人民的生命安全将受到严重威胁。火情牵动中南海,中共中央、国务院迅速作出部署,公安部紧急启动应急救援机制,分管消防工作的刘金国迅速赶赴大连,指挥灭火。

刻不容缓!刘金国紧急协调航班,两个小时后,他带领消防专家飞抵大连,直奔火灾现场。"这火到底能不能救下来,谁都没有把握,一旦爆炸,现场的人将尸骨无存。"实战经验丰富的消防专家、公安部消防局战训处处长魏捍东心里清楚。危急关头,刘金国表现出了惊人的镇定与超常的智慧。他的命令一道道下达:全国调集泡沫,手动关闭阀门,千方百计阻挡流淌火,死保大罐……年近花甲的刘金国,在火线最前沿站着指挥了整整8个小时。7月17日上午10时,疯狂肆虐的大火终于被扑灭了。

2011年5月,全国公安机关网上追逃专项督察"清网行动"打响,全国公安机关共抓获公安部A级通缉令在逃人员16人、B级通缉令在逃人员174人、部督在逃人员201人、涉嫌故意杀人在逃人员1.2万人、潜逃10年以上在逃人员2.3万人,从77个国家和地区抓获和劝返在逃人员900多人,网上在逃人员存量下降84%。"清网行动"的203天里,简报共发1831期,刘金国批示了1311次。在动员部署会上刘金国诘问:"那么多在逃人员抓不回来,我们又怎能睡得着、坐得住?"其实,这么多年来,无论指挥什么行动,刘金国都有寝食难安的紧迫感。

调任公安部副部长不久,刘金国就针对人民群众反映强烈的一些地方公安机关在换发二代证的过程中乱收费现象,部署全国公安机关开展专项整治,提出了人像采集点禁止打印照片等7条硬措施,防止变相收费,并派出工作组到各地明察暗访,严肃处理了一批单位和人员并通报全国。很快,这个问题得到彻底解决。

作为公安部纪检书记,刘金国要求公安部纪委制定一个关于纪检干部自身建设的要求。当纪委的同志将改过几次的稿子送给他审阅时,他并不满意,而是直接在纸上写下四条:"不枉纪枉法,

不干预办案,不泄露案情,不吃请受礼。"而这位因廉生威的铁面干部,内心却无比温暖。公安部机关的普通干部进刘金国的办公室,他会主动起身握手;家境贫困的民警给他写信,他会直接寄钱;得知有民警牺牲,他会安排专人前往慰问。甚至路见不平,刘金国也要拔刀相助。有一次出差途中路过加油站,得知加油站一名工作人员被某领导的司机寻衅打伤,刘金国气得摔了杯子:"他有什么资格这么肆无忌惮?"后来,他硬是让肇事者赔礼又赔钱,并依法作出严肃处理。

其实他不是不通人情,他通的是"大人情",是对人民群众的大爱。公安部警务督察局干部张爱红2011年8月到江苏徐州调查一个信访案件。信访当事人闫某一见到他就说:"我就知道你们会来。前几天有个人给我打过电话,叫我同志,这么多年还没人这么称呼过我。"张爱红一头雾水,问道:"电话里怎么说?""他说,我是公安部纪委,我叫刘金国。你的来信已经收到了,别着急,我们正在派人调查。"张爱红开始没敢相信:刘金国副部长真的给这个边远山区的农民打过电话?几天后,他去广西调查另一起案件,当事人竟然也说接到过刘金国的电话。这下,他信了。

然而,这么多年来刘金国自己的日子却过得像个苦行僧。1995年,刘金国调任河北省公安厅副厅长时,全部家当是半卡车旧家具和一台黑白电视机,甚至还有蜂窝煤、大白菜。厅里分给他一套住房,需要交4.6万元的集资款,可刘金国硬是拿不出这笔钱,最后只好从银行贷款。他身上穿的衣服,基本上都是发的警服。但刘金国并没觉得苦,他说:"我是幸福的,应该给的党和人民都给了,没有任何理由再用手中权力去谋取任何个人私利,永远不能做对不起百姓的事情。有人说我'装',那我就'装'到死。咱们共产党人都'装到死',不就成真的了吗?"

(陈劲松)

见义勇为

见义勇为,就是看到正义的事,就勇敢地去做。语出《论语·为政》,孔子说:"见义不为,无勇也。"中华民族是一个正直、勇敢的民族,弘善抑恶、见义勇为是中华民族的传统美德,也一直是人们追求的道德标准。

本节所介绍的 7 位见义勇为人物,用他们的壮举为发扬中华民族传统美德、弘扬社会正气树立了永远的榜样。1993 年 8 月的一天,济南军区中士班长徐洪刚乘车从家乡返回部队,车内的几个歹徒围着一位年轻的妇女耍流氓,见此情况,徐洪刚冲上前去,大吼一声:"住手!"歹徒看到有人干预,便穷凶极恶地挥刀猛刺徐洪刚的胸、背、腹……司机把车刹住,歹徒纷纷逃窜,身中 14 刀,肠子流出体外达 50 厘米的徐洪刚,用衣服兜住往外流的肠子,紧跟着跳下车来,用全部的力气往前追出了 50 多米,然后一头栽倒在路旁……1994 年 4 月 12 日,一名无辜儿童遭到歹徒残害,鞍山市图书馆副馆长白雪洁奋不顾身与歹徒搏斗,保护了素不相识的儿童的生命,自己却身负重伤失去了右手。为了挽救邻家小女孩的生命,83 岁高龄的小脚老太王贵连不顾个人安危,赤手空拳与持刀歹徒英勇搏斗。在头部被砍 7 刀之后,老人终于从歹徒手中把刀夺了下来。邻家小女孩脱离了危险,惊慌失措的歹徒被闻讯赶来的村民擒获,竭尽全力的老人这才腿一软,倒在血泊之中。人民的守护神赛尔江,夺下砍向孩子利斧的李强,洪水中托起生命的王树先,大爱至善的唐山十三位农民兄弟等,为弘扬社会正气,倡导见义勇为,推进社会主义精神文明建设,树立了鲜活的典范。

(陈劲松)

英雄少年赖宁

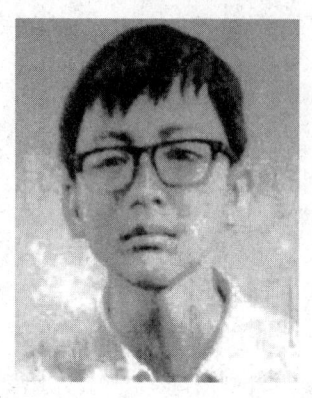

共和国的英雄谱中,有一个闪光的名字——赖宁。他年仅14岁,就为了人民的利益牺牲了自己的生命,令人们敬佩和痛惜。他的生命虽然短暂,但他见义勇为的精神深深地烙印在人们的心间。

当国家和人民的财产蒙受严重损失时能挺身而出、不惜以生命去保卫,这是见义勇为的最高境界。赖宁有这样的举动,是片刻间作出的抉择,但绝不是一时的冲动,而是与他具有优秀的思想品质分不开的。赖宁是一个品学兼优的学生,他于1973年10月20日出生在四川省石棉县。著名的大渡河安顺场渡口离他家不远,1935年5月,中央工农红军从这里成功地强渡大渡河,北上抗日。赖宁曾和老师、同学参观了"安顺场红军纪念馆",革命先烈为了中华民族和人民的解放而前仆后继、英勇献身的事迹教育了他,心中树立起"好好学习本领,将来要把祖国建设得更加富强"的崇高理想。他爱好广泛,求知若渴,全面发展,曾荣获四川省"红领巾读书读报活动"一等奖、地区少年儿童绘画二等奖、县少年儿童书法比赛一等奖,还荣获了"三好学生"、"优秀少先队员"等称号。1986年以全县第一名的优异成绩考入省重点中学——石棉中学。

赖宁自小就认识到绿化的重要意义,时刻不忘为环境保护做贡献。1987年东北大兴安岭发生特大火灾,他每天都打开电视收看灾情,对大面积森林的毁灭和国家遭受巨大的损失感到锥心痛

惜，在日记中呼吁人们要爱护森林。当他站在大渡河畔，看见那些超量砍伐的树木一排排顺流被运送出山时，深为叹惜。他在文章中写道："人们一手栽树，又一手砍树，大渡河每天都有许多木材漂过，两岸青山已露出黄斑。注意保护森林吧！否则，大渡河两岸早晚会有一天变成沙漠！"

绿色象征着生命，赖宁因为珍爱绿色，所以成为生命的保护者；因为他热爱祖国、热爱人民，并把这种崇高的情感熔铸到自己的道德修养中，才有为了国家和人民的利益而奉献出生命的自觉行动。

赖宁家所在的石棉县城附近有座海子山，那是个火险区。1988年3月13日是个星期天，下午3点半刮起了大风，县城一家工厂的信号线被大风吹刮碰上高压线，电线短路碰出火花，火花落地引起山林起火，火借风势，刹那间海子山上火海一片。当时，刚写完作业的赖宁，瞧见冲天的火焰，顾不上对病卧在床的妈妈说一声，便冲向火场。他挥动着松枝，奋力扑火，山火吐出二三米高的火舌，肆虐地吞噬着林木，咆哮着扑向救火的人群。但赖宁毫不退缩，同干部群众一起，与烈火勇猛搏斗。傍晚时分，县领导强行将赖宁和他的同学、一些妇女撤下山。在撤退途中，赖宁看见大火仍在疯狂地燃烧，毅然和同学们跳下卡车，再次冲入火海。这时，他心里想的只是：多一个人，就多一份救火的力量；多留一分钟，就能多救几棵树。可是，风势不见减弱，火势越来越猛，晚上9点左右，一群火龙扑向救火的人们，赖宁和同学们失散了，但他丝毫没有发觉危险正向他逼来，仍奋不顾身地扑打着……

3月14日上午，海子山的大火被扑灭了，3500亩国有林保住了！县卫星电视转播台和石油公司油库保住了！可是人们却没有看见赖宁的身影。人们在呼唤他、找寻他，终于在一处山坡的一棵小松树旁发现了赖宁的遗体。

赖宁的先进事迹，集中体现了中国少年先锋队提倡的"爱祖国、爱人民、爱劳动、爱科学、爱护公共财物"的"五爱"精神，不愧为一位优秀的少先队员。1989年，共青团中央和国家教委授予他"英雄少年"的光荣称号。

如今，虽然教育部提出"学校不得组织学生参加抢险等应由专业人员或者成人从事的活动"，但赖宁在危难关头表现出为集体利益"舍小我，成大我"的精神依然闪耀。

（汪泗淇）

护民英雄徐洪刚

"抓歹徒！抓歹徒！"一个血人从车上跳下来，用背心缠住流出的肠子，奋力向逃跑的歹徒追去。1米，5米，10米……当身后留下50多米的"血路"之后，他再也支持不住了，重重地摔倒在地。他就是被授予"见义勇为的英雄战士"荣誉称号的济南军区某部通讯连战士徐洪刚。

徐洪刚生长在云南省彝良县，这方山水曾养育过新四军著名指挥员罗炳辉。1990年，该县某乡人武部长孔凡松，为保护人民群众的生命财产安全，与歹徒展开殊死搏斗，英勇牺牲。也就在这一年，徐洪刚了却夙愿，穿上军装，走进部队。临行前，他来到孔凡松的遗像前，立下誓言："纵不能像您一样死去，也要像您一样活着！"

徐洪刚所在部队，是革命战争年代以"铁军"之誉而使敌人闻

风丧胆的红军某师。在师史陈列室里,面对我军著名"盘肠英雄"姜东海的画像,徐洪刚暗暗发誓"甘洒热血为人民,无愧铁军新一代"。

训练场上,他咬紧牙关,强忍胃疼,照常参加高强度的训练,直至晕倒在地;大雪纷飞的夜晚,通往师部的电话线路突然中断,他主动请缨,碰破了腿、划破了手,连续苦战8个多小时,爬了30多根电线杆,行程42公里,终于排除了障碍,恢复了线路畅通,回到营帐时已成了雪人;部队驻地附近的山林失火,他扑向火势最旺处,没有水,就用衣服扑,眉毛烧焦了,脸皮烧破了,而大火终于扑灭了;小学生李明落水了,望着滚滚江水,岸上的人束手无策,偶然路过此地的他跳了下去,孩子得救了……

"九层之台,起于累土;千里之行,始于足下。"平时铸就的钢铁般意志,学英雄、做英雄的崇高理想,使他在关键时刻经受住了血的洗礼。

1993年8月17日上午10时许,一辆由云南彝良县开至四川筠连县境的长途公共汽车上,一个名叫任永林的歹徒,突然站起身,凶神恶煞般地走向坐在车窗旁的年轻妇女吴道蓉,伸手向她要钱,吴道蓉拍拍衣服,回答:"我没有钱。""没钱,就给手表!"任永林恶狠狠地道,并动手扯抢吴道蓉戴在手腕上的表,吴道蓉赶紧将手表装进裤兜里。"不给表,今天老子就扒你的衣服!"任永林吼叫道,一把扯破了吴道蓉的上衣。"不给钱,就把她从车上扔下去!"任永林的同伙在一旁疯狂地叫着。任永林掐住吴道蓉的脖子,将她按到车窗上,就要将她推出窗外……

就在这危急关头,叫骂声惊醒了正在打盹的一个年轻军人。他就是回家探亲归队的徐洪刚。光天化日之下,岂容歹徒如此猖獗!徐洪刚热血上涌,"嗖"的一声站了起来,剑眉倒竖,虎目圆睁,大喝一声:"住手!"如晴天一声霹雳,歹徒吓得手一抖,松开了即将被推下车的吴道蓉,吴道蓉获救了。

"傻大兵,关你什么事?你想找打!"任永林疯狗似的扑向徐洪刚。与此同时,他的3名同伙也围了上来。面对4名穷凶极恶的持刀歹徒,赤手空拳的徐洪刚毫不畏惧,勇敢地迎了上去,与歹徒展开了殊死搏斗。但终因寡不敌众,浑身被匕首刺伤多处,肠子也流出了体外。车上的乘客再也按捺不住了,纷纷站了起来,齐声呐喊:"抓凶手!"歹徒胆怯了,跳车逃窜。

徐洪刚用背心裹住流出的肠子,以惊人的毅力追了出去……

英雄被好心的路人送进了医院,经检查,全身刀伤14处,仅胸部就中了8刀,肠子流出体外50多厘米。就是在这样严重的伤势下,他与歹徒搏斗不止,直至晕倒。真是钢铁战士,虎胆神威。

歹徒被抓住了,受到了法律的严厉制裁。人民对英雄报之以鲜花、掌声和荣誉。1994年2月5日,江泽民总书记亲切接见了徐洪刚,长时间地握着徐洪刚的手,高度赞扬了他不畏强暴、见义勇为的壮举。

徐洪刚勇斗歹徒的壮举震撼着全国人民的心,他用鲜血和生命谱写出一曲军民共建社会主义精神文明的当代正气歌。

(陈劲松)

英雄民警赛尔江

赛尔江是新疆维吾尔自治区富蕴县县城派出所的民警,他常说:没有少数人的牺牲,就不会有多数人的安宁。他在一次与歹徒的搏斗中壮烈牺牲,英名传

遍天山南北。

赛尔江,哈萨克族,他父亲麦米拉是我国第一代"老公安",在赛尔江入党时他父亲认真地告诉他:"做一名党员,为共产主义事业奋斗终生,必要时牺牲自己的一切甚至生命。"在赛尔江7年的民警生涯中,经历了多次生与死的考验。

1987年5月14日下午,一名歹徒腰捆炸药包,手提菜刀,在县水泥厂家属院行凶,一起恶性案件眼看就要发生。接到报案,工作才两个月的赛尔江和老民警胡巨福立即赶到现场。

这时歹徒正冲着围观的群众狂喊乱叫。胡巨福来不及和赛尔江商量,说声:"上!"两人泰山压顶般扑向歹徒。赛尔江拦腰箍住歹徒的胳膊。歹徒号叫着,双臂却无法动弹。胡巨福趁势冲上去拔掉导火索,夺下菜刀。事后,有人问赛尔江:"你就不怕他拉响炸药包吗?"赛尔江笑道:"怕,还能当警察?"

1994年3月19日凌晨2点,劳累一天正在酣睡的赛尔江被一阵急促的敲门声惊醒,战友别克波拉提告诉他,县城有个商店被盗。赛尔江穿上衣服,和战友跨上摩托车来到现场。他们仔细搜寻后,发现罪犯撬了几个商店后逃走。追!他不顾寒风刺骨、关节疼痛,驾车急驶,终于在凌晨4点多钟在县城附近一个小煤矿里将罪犯抓获。审讯中,罪犯交代,另一个是越狱逃犯。当他们把案犯押到县公安局时,赛尔江高烧已达40度,他顾不上休息,又投入围捕罪犯的战斗。

赛尔江无私无畏的品格,令罪犯恨之入骨。一个流氓头子被赛尔江拘留后,恶狠狠地对他说:"你把我抓进去了,我的弟兄会替我报仇。"赛尔江对此不屑一顾。他的亲友也为他的安全担心,多次劝他要小心。赛尔江说:"我是警察,不能看着坏蛋逞凶、百姓遭殃不管。"

1994年9月9日夜,赛尔江值班,忽然接到一个报警电话:"两名歹徒带着炸药包闯进县委叶书记家,要钱、要物、要枪,说到11点还不给,就引爆炸药。"情况十分危急!赛尔江放下电话,和一名联防队员跨上摩托车直奔案发地。赛尔江不顾一切冲进院内,只见一个歹徒手提炸药包,另一个手持匕首,就在他们发愣的瞬间,赛尔江猛扑上去,将两名歹徒紧紧挟抱住。因为他冲进门时,用力过猛,门撞在墙上,又反弹了回去,同来的联防队员被隔在门外。一个歹徒挣扎着狂叫:"放开我,我有炸药包!"赛尔江猛地推开另一名歹徒,用铁钳般的手臂死死抱着带炸药包的歹徒,他的身体置于歹徒和县委书记叶维湘之间,同时高喊:"叶书记,快走!"被推开的歹徒手持尖刀逼向赛尔江,联防队员猛烈地砸门。就在这时,歹徒拉响了约三公斤重的炸药包。叶维湘夫妇得救了,联防队员脱险了,赛尔江却倒在血泊中。他留给这个世界的,是一枚带血的警徽、一支炸得变了形的手枪,还有那人们永远难忘的警魂。

赛尔江牺牲后,党和政府授予他各种荣誉称号。自治区党委代书记王乐泉称赞他是民族团结的典范、对敌斗争的典范、英勇献身的典范、无私奉献的典范,号召全区人民向英雄学习。

(薛正人)

见义勇为英雄白雪洁

在全国见义勇为的英雄之中,有一位身体娇弱的女性名叫白雪洁。就是她以娇弱的身躯面对凶手的砍刀,冒死救护一个小男孩。她的英雄壮举曾震撼着整个钢城。

白雪洁是鞍山市轧钢厂的女工程师、共产党员,是个心地非常善良的人。她一贯乐于助人,认为救人危难是自己应做的事,否则就感到心里不安。1992年的一天下午,鞍山第一发电厂工人周成仁骑着自行车带着儿子回家,与迎面开来的小客车相撞,此时白雪洁正好抱着自己的儿子路过,见此情形,她立即把受伤的周成仁送到医院,然后又摸黑把他的儿子送回家,尔后悄然离开。周成仁出院后,想感谢这位大姐,但既不知姓名,又无住址,无处寻找这位救命恩人,直到两年后在电视上才认出她就是见义勇为的英雄白雪洁。

  1994年4月12日,时年33岁的白雪洁,和往常一样下班后去公爹家接孩子。走到深沟寺六区转盘附近,猛然看到前面不远的一幢楼前,一个中年汉子凶残地挥动着锋利的砍刀,猛砍一个小男孩的头部,男孩血流如注,倒在地上,凄声呼喊着:"叔叔别砍我了……""妈妈啊,快来呀!"

  白雪洁疾步跑到跟前,对着围观的人们喊:"快救人哪!快救人哪!"她闪电一般冲到凶手面前,厉声喝道:"住手!你砍小孩干什么?"凶手先是一愣,尔后掉头就跑。白雪洁趁机抱起已成血人的男孩往马路上跑,边跑边安慰男孩:"别怕,阿姨打出租车带你去医院。"身穿皮裙、脚着高跟鞋的白雪洁跑不起来,她使劲向着擦身而过的出租车招手,期望它停下来。情急之中,脚底下一绊,白雪洁连同孩子一起扑倒在地上。身后,凶手又返回挥着刀追了上来,她抬起身,使劲地把被自己压在身下的男孩推开,"孩子,快往楼道里跑!"

  孩子以惊人的毅力跑开了。凶手发狠地一刀砍在来不及爬起来的白雪洁颈部,白雪洁本能地用双手护住头。利刃砍到白雪洁的头上、手上、腿上……白雪洁惨遭二十余刀。在这生死攸关的时刻,闻讯赶来的当地派出所民警制服了凶手。此时,白雪洁已奄奄一息。血肉模糊的白雪洁及小男孩被警车火速送往鞍钢立山医院。当白雪洁被抬往急救室时,她吃力地对医务人员说:"快救孩子!只要孩子能活,我也就值了!"经派出所查明,凶手是个精神病患者,小男孩8岁,名叫李澄。

经过医院全力抢救,白雪洁和小李澄脱离了生命危险。白雪洁对来访者说:"凶手砍了我二十多刀,没有一刀伤在致命处,我虽然失掉了一只右手,但经过医护人员的拼力抢救,我活下来了,小李澄活下来了。这应当是不幸中的万幸。"中共鞍山市委、市政府号召全市人民学习白雪洁见义勇为的精神。

(薛正人)

勇夺砍向孩子利斧的李强

2004年3月18日下午,甘肃省静宁县曹务乡页湾村页湾小学代课教师李强跟往常一样正在给孩子们上课。谁也不会想到,就在这时一双罪恶的黑手正在向天真无邪的孩子们逼近……

曹务乡页湾村青年张军军因虐待妻子,导致妻子离家出走。在被妻弟训斥了一顿后,心中的怒火无处发泄的他,便把报复的目光投向了女方亲戚家几个正在读小学的毫无防卫能力的孩子——韩卫卫、韩卫龙和韩九泉身上。这天下午4点多,张军军提着藏有一柄利斧的手提包,以自家孩子偷走10元钱为由,进入孩子们所在的页湾小学。先去了一年级教室,正巧任课教师取作业本不在,张军军趁机闯入教室,举起利斧就朝坐在前排的6岁的韩卫龙头部砍了下去,教室里顿时一片哭叫声。之后,张军军又窜到

教室后排向韩卫卫头部连砍4斧,教室再次陷入一片慌乱。随后,杀红了眼的张军军又提着利斧直奔二年级教室去找韩九泉。听到哭叫声,正在给五年级孩子上课的李强跑了出来,看到张军军手持血淋淋的斧头直奔二年级教室,他没加思索就向张军军追去。

二年级的数学老师正在给韩九泉面批作业,张军军冲进教室一看韩九泉正好在眼前,举起利斧就朝韩九泉砍去……生死攸关之际,飞奔而至的李强一个箭步冲上去,死死抱住张军军的腰往后拉,斧头划到韩九泉的脸上,血流不止。李强又使出浑身力气将张军军向侧面摔去,但身强力壮的张军军只是打了一个趔趄,就又举起斧头砍向韩九泉,由于没有站稳,没伤到韩九泉。丧心病狂的张军军恼羞成怒,举起斧头就向身后的李强恶狠狠地砍去。这时,上课的老师也扑了过来,和李强一起奋力将斧头夺下。张军军还在拼命挣扎,企图挣脱李强的拉抱,李强高声呼喊:"我拦住他,同学们快跑!"

文弱的李强的体力不如五大三粗的张军军,他被摔倒了,另一位老师正组织学生迅速撤离教室。张军军见韩九泉跑了出来,一脚将韩九泉踢倒,举起斧头就要往韩九泉头上砍去,李强使出浑身力气再次扑上前将凶手死命抱住。搏斗中,李强只有一个念头:绝不能再让一个孩子受到伤害,也绝不能让这家伙逃掉!最终,他在同事们的协助下将企图逃走的凶手关进了自己的宿舍。惊魂未定的老师们这才松了口气。

紧接着,李强叮嘱一位教师在门外看守,又让另一位教师去派出所报警。他和其他教师则一起赶紧将受伤的学生送往医院抢救。随后,警察赶到学校,将疯狂的张军军制服带走。

正是由于李强和老师们的英勇搏斗和机智周旋,歹徒没能对更多毫无抵抗能力的孩子们继续下毒手。李强,一个普通的代课教师,在学生生命受到严重威胁的危急关头,挺身而出,舍生忘死,谱写了一曲见义勇为的正气之歌。

(陈劲松)

小脚老太王贵连勇救幼女

一位身高仅有1.55米的东北小脚老太太,面对凶神恶煞般的歹徒时,临危不惧,奋不顾身地冲了上去,救下了幼女,自己却身中7刀。这位84岁老人的大无畏精神,深深地震撼了人们的心。她就是黑龙江省齐齐哈尔市依安县依龙镇初晓村村民王贵连。

2006年4月28日,沈阳市苏家屯浑河农场三分厂,从黑龙江来到女儿家的王贵连老人正在午休,这时邻居家11岁的女孩小雪,和往常一样来听王奶奶讲故事。

忽然,小雪发现厨房里进来个人,就出去问了一句:"你找谁啊?"话音没落,这名男子抄起手里的石块,猛地朝小雪的头上砸去,小雪一声惨叫。房间里的王贵连听见孩子惨叫,鞋子都没来得及穿,急忙跑出来,只见一个三十多岁的陌生男子正紧紧掐住小雪的脖子,孩子已满脸是血。老人家立刻快步冲上前,死死拽住歹徒的胳膊,用力往后拖,使小雪得以抽身。穷凶极恶的歹徒随手抄起身旁的菜刀,砍向女孩。见此情景,王贵连老人毫不犹豫地用手死死抓住歹徒的手,一边搏斗,一边对女孩大声地说:"快跑,喊人!"

小雪乘机跑出门外。这时,歹徒凶狠地说:"敢喊人,你老太婆是活腻歪了。"举刀砍向老人,王贵连顿时血流不止。但不让坏人

得逞、保护孩子安全的念头牢牢支撑着她:"就是被打死,我也决不放走作恶的歹徒。"老人不顾伤口的剧痛,与歹徒勇敢搏斗,直到把刀从歹徒手中夺下。没有了凶器的歹徒被老人家的气概震慑了,仓皇逃出屋子。大娘手捂头上的伤口,朝着歹徒逃跑的方向追去。

　　被救出的小雪冲出屋子后,大声呼救,村民们闻讯赶来,奋力将歹徒擒住,10分钟后警察赶到现场将歹徒带走。已尽全力的王大娘终于支撑不住倒在了血泊之中……被送往医院后,经医生检查,王贵连老人头中7刀,伤口约60厘米长,共缝合60多针。由于老人年事已高,失血过多,曾一度处在深度昏迷状态,医院向王贵连老人的家人发出了病危通知。最终,在医生的全力抢救下,王贵连老人终于苏醒过来了!

　　望着大娘苍白的脸,小雪的母亲动情地说:"大娘,要是没有你,我的孩子肯定完了。"虚弱的王贵连老人却说:"现在一家就一个娃,真是有个好歹可咋办。我也可以躲,也可以跑,但是我年纪大了,怎么样都无所谓了,当时我就想,只要我还有一口气,打死我也不能放过歹徒,拼死也得救孩子啊!"

　　王贵连老人面对持刀歹徒,舍身勇救儿童的英雄壮举在华夏大地引起了强烈的反响。2006年,王贵连老人被授予"全国见义勇为英雄"光荣称号,并被评为"十大老年新闻人物"。

(陈劲松)

洪水中托起生命的王树先

　　2006年6月,福建龙岩7个县133个乡镇连续遭受5次特大暴雨袭击。6月27日,温家宝总理冒着酷暑来到龙岩,看望和慰问

灾民。人们告诉总理，永定县抚市镇里兴村74岁老党员王树先，洪水中奋力救出18位村民，自己却不幸被洪水卷走。温总理动情地说："王树先在危难时刻表现了一个共产党员的优秀品格，他无私奉献热爱群众的精神长存，他是我们学习的榜样！"

王树先1951年参军入伍，参加过剿匪斗争。1953年起，他先后驻扎福建同安大嶝岛和连江黄岐半岛，和战友们一道披荆斩棘，风餐露宿。在部队13年，立二等功1次、三等功5次，多次受到嘉奖。1964年，王树先以营级参谋的级别告别部队。当时，组织上准备给他分配工作，王树先觉得家乡落后，就决定回到家乡与乡亲们一道改变家乡贫穷落后的面貌。他把复员费都用在了村里的生产和发展上。部队生活使王树先见多识广，当年就是他第一个在村里率先引进抽水机灌溉，率先办粮食和米粉加工厂。为了能给乡亲们找到致富门路，王树先还自费到广东学习烤烟种植，回来后一边继续刻苦钻研烤烟新技术，一边主动担当村里的烤烟技术辅导员，把学来的技术手把手地无偿教给群众。看到乡亲们经济困难，他又垫钱为他们买来烟苗、联系销售。随着王树先种烟技术的不断提高，名气也越来越大，不少外乡人跑来要高薪聘他。王树先却说："需要指导什么你们尽管问，钱我是一分不要。"看人家不信，他二话不说背上行李，就和他们坐车去福建连江、广东大埔为当地的烟农无偿传授种、烤烟草的技术。

王树先任生产队会计，一干就是11年，做过的账目清清楚楚，没出过一笔差错。他有5个孩子，生活困难，但领救济时，总是想到更困难的群众。1975年春，支部书记王淮喜特意留了50公斤回销粮指标给王树先，王树先照样是那句话："村里比我困难的群众

还很多,这粮食应该给他们。"

改革开放后,王树先不再担任村干部。按说凭着自家相对殷实的家底,原本可以颐养天年,可是面对着渴求致富的村民们,他却更加忙碌了。甭管大事小事,只要是村里的公益事业,事事都少不了他,事事他也都当仁不让,主动张罗。2005年12月,王树先的侄子拿出1万元钱给他,想让他翻修一下自家的旧房子。王树先却拿着这笔钱,自己又掏出2000元,再让在外地工作的儿子寄来500元,合在一起捐给村里,"把村里的桥修起来。我年纪大了,挑不动石头了,带头捐钱、挑沙还做得到。"在他的带动下,不到半个月,一座投资近3万元的桥终于在春节前修通了。这次特大洪水冲毁了村里好几座桥,唯有这座小桥完好无损。

2006年6月18日5时,住在客家土楼笃庆楼的王树先老人像往常一样早早起床,烧火煮饭,清扫庭院。5时30分,突然雷电交加,暴雨倾盆。6时至7时降雨量达124毫米,这是当地近百年以来最强的一次暴雨。转眼间大水就漫到老人所住的土楼大门前,不一会儿,大水开始灌进院子!"涨大水了,快跑啊……"王树先高声叫喊,叫起了笃庆楼住户,又跑到隔壁的汉兴楼喊。这两幢土楼共住有132人。老人的喊声惊醒了仍在睡梦中的人们,大家慌忙起床。"不要带东西!快往后山跑!"在王树先指挥下,第一批村民安全转移到土楼后面的山上。当他组织第二批人转移时发现,门外已是一片汪洋。洪水浸泡后的土楼随时有倒塌的危险!同楼的18名村民又大多是老弱妇孺。王树先果断地扳断一楼的窗户,跳出窗外,一手抓住窗格子,一手把人一个个从窗户拉出来。一个、两个……最后才是自己的老伴和孙女。

这时王树先看到毗邻的另一幢土楼门前有3位老人在无助地求救,他又扳住另一扇窗户,想扶着墙过去施救。突然,一股巨浪扑过来,体力不支的他再也没能抓住窗格子,消失在汹涌的洪水中……没过多久,笃庆楼塌了一大半,汉兴楼全部倒塌。132名村民除4人外全部得以逃生。在罹难的人员中,就有王树先的侄儿、侄孙媳妇和出生还不到100天的曾孙。

19日中午,乡亲们在20多公里外的东溪河段找到了王树先的遗体。悲痛欲绝的村民们一遍遍呼喊着他的名字,老人却再也无法答应了。84岁的孤寡老人吴桂英哭着说,如果不是王树先,我的这条老命早就没有了。她说,当时屋顶塌了下来,水淹到了她的脖子,眼看快不行了,是王树先过来把她背出来的。"这么好的人怎么这样就走了呢!"

在王树先的遗物中,有一本五十多页的《自传》,记录了他当兵13年,以及退伍回乡后的人生历程。在《自传》中他这样写道:"回到家乡要完全放下自己原来的干部架子,做一切人们能做的事情。""做事情,为人处世在任何时候都不要说过头话。"朴实的话语中体现了他朴实的人格。

(陈劲松)

大爱至善的唐山十三位农民兄弟

宋志永、杨国明、杨东、王加祥、王得良、宋志先、王宝国、王宝忠、曹秀军、尹福、宋久富、杨国平、王金龙,河北省唐山市玉田县人,年龄最大的62岁、最小的19岁。

他们是唐山13名普通的农民,他们用实实在在的行动"感动了13

亿中国人"。2008年，无论是冰雪成灾的湖南郴州，还是震后残垣断壁的汶川，处处都能发现他们的身影，他们的行动充分体现着"一方有难，八方支援"的中华民族优良传统。他们是13位农民，更是13位义士。

2008年隆冬时节，一场罕见的冰雪灾害袭击我国南方。千里之外的唐山玉田农民宋志永坐在电视旁，看新闻到凌晨4点。他想，30多年前唐山大地震时，全国人民都在支援我们，南方遭了雪灾，我们也应该去支援他们。

说干就干，腊月二十九，一支由宋志永等13名农民组成的应急救灾小分队悄悄成立，其中有3对兄弟，2对父子。他们的经费是宋志永从家里拿出的3万元。大年三十，13个农民坐着租来的面包车，开始往湖南赶。2008年2月8日，农历大年初二，13个农民终于赶到郴州。由于不懂电力技术，他们主动担负起扛器材、抬电杆、拉电线的体力活。从那天开始，一直到2月22日，宋志永和他的伙伴们每天早出晚归，转战宜章、桂阳等地，先后帮着竖起了7座高压线塔架、7根电线杆。更多的时候，他们往返山上山下运送电线、塔料。在抢救现场，他们有的手被冻伤，有的脚被扎伤，但都咬牙坚持，没有一个人中途退出。2月23日，在工作了16天之后，13位农民兄弟离郴返乡，许多郴州市民在得知这一消息后，自发赶来为他们送行。

三个月后，四川汶川大地震发生，刚刚洗去抗冰抢险征尘的他们，又出现在北川抗震救灾第一线。5月12日下午，当得知汶川发生7.8级大地震后，宋志永立即想到灾区急需大量志愿者。虽然在当地有一百多个志愿者队员，但一时难以聚齐，他只得先走一步，路上再电话邀约大家。

赴北京，转郑州，绕道西安，14日凌晨5点，宋志永在绵阳下了车，得知北川灾情严重，交通、通讯全部中断，宋志永便决定到最需

要人手的北川去。出租车去不了,他租了一辆摩托车,冒险进山。冒着还在不断滚落的岩石,宋志永花了近3个小时终于赶到距离北川县城6公里的地方,道路阻隔,他只得徒步1个多小时进到一片废墟的县城里。

在一处坍塌的楼房旁,宋志永发现一个身上有伤的老太太神情木然呆坐在废墟中,楼上的水泥块还不时往下掉,他立即冒险从巨石堆中小心翼翼地挤过去,将老人抱出送到附近的伤员转送站。在一处大楼的缝隙里,有5个小女孩,先期赶到的武警正在救援,宋志永立即赶上去徒手帮忙搬砖刨土,经过2个多小时的紧张忙碌,5个小女孩全部被救出来了。

当天下午,得知北川中学还有学生被埋在下面,宋志永立即赶到这里,他一个人就刨出了5个孩子……虽然都已遇难,但宋志永总希望奇迹发生,希望能找到生还的孩子,从早上6点到晚上10点都拼命地在废墟上搜救。

15日,唐山的其他12名农民兄弟赶到北川与宋志永会合,穿梭于北川重灾区的废墟中。面对随时可能发生的余震,面对随时都可能倒塌的楼房,他们没有畏惧,没有迟疑,没有退让,更没有懈怠。在抢救的最关键时刻,他们用最原始的工具,铁锤砸,钢钎撬,有时就是徒手刨,硬生生抢救出了25名幸存者,刨出了60具遇难者的遗体。哪里有需要,哪里就有他们的身影。他们说:"我们是地震中过来的孩子,唐山地震的时候全国人民帮助了我们,这次汶川地震了,我们来帮帮忙做点力所能及的事也是应该的。"

5月21日,晓坝镇上二百多名灾区孩子要转到云南去上学了,宋志永和志愿者们凑了1万多元交给校长,临走时和孩子们一起唱起了国歌,这位黝黑粗壮的唐山汉子终于忍不住放声哭了一阵。

宋志永说:"跟着我干的这些兄弟都不容易,许多人家里都欠了好几万外债,我现在家里还在租房子住,就靠老婆的工资养活孩子,

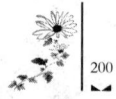

兄弟们的家属有意见我们只能不做声,可在这,我一说为孩子们捐款,一下又凑了1万多元,我的心直颤啊。"

这就是中国最普通的农民兄弟,日出而作日落而息的人们,但他们用大爱至善谱写了一曲壮丽的乐章。正是他们以及无数个像他们这样无私奉献的人,成为强大中国的脊梁。

(陈劲松)

敬 启

《中华道德楷模丛书》使用的部分图片，由于时间原因未能联系到所有作者，在此表示歉意。请作者见书后，及时与我们联系，我们将按国家规定支付相应的稿酬。联系邮箱：ahjy@ahep.cn